AF596821

VADE MECUM

DES

PROMOTEURS DES BANQUES POPULAIRES

ET

LE MOUVEMENT COOPÉRATIF

PAR

FRANCESCO VIGANÒ

INDEX.

PARIS

LIBRAIRIE GUILLAUMIN ET C.ie, EDITEURS

RUE RICHELIEU, 14

1887.

Merate, Tip. Briantea di G. Viscardi succ. a P. Broggi.

VADE MECUM

DES

PROMOTEURS DES BANQUES POPULAIRES

ET

LA COOPÉRATION DANS LE MONDE

À

EMILE ET ISAAC PEREIRE

D'IMPÉRISSABLE MÉMOIRE

AVANT PROPOS

Je crois que le livre que je présente, dont une partie a été déjà publiée, sera de quelque utilité aux amis de la coopération.

Je le recommande aux amis du progrès, des institutions populaires, qui ont pour but particulièrement l'amélioration du sort des classes pas aisées et de celles qui vivent de travail.

Spiazzolo di Montevecchia, 18 Ottobre 1887.

FRANCESCO VIGANÒ.

CONFÉRENCES ET SOUSCRIPTION DE 1878

POUR LA

BANQUE POPULAIRE DE SAINT-GERMAIN

I.

MAXIME. — Eh bien, monsieur, fondons-nous cette banque populaire, puisque M. Viganò est à Saint-Germain pour quelques mois ?

ROBERT. — C'est bien difficile : M. Viganò croit au succès, mais il se trompe. Ici, il n'y a pas d'industrie suffisante pour une banque de ce genre.

M. — Comment, dans cette ville il n'y a pas d'industrie ? N'avons-nous pas des filatures de coton, des tanneries, des brasseries de premier ordre et d'autres industries importantes ?

R. — Cependant nous n'avons pas de commerce ici.

M. — Pas de commerce dans une ville de plus de 14,000 habitants ! — Vous oubliez donc le nombre de boutiquiers et de petits industriels que compte notre ville ? Et vous ignorez qu'en Allemagne et en Italie il y a des banques populaires presque partout et même dans des localités qui ont à peine 300 habitants ?

R. — Il m'est difficile de croire cela.

M. — C'est un fait pourtant : et M. Viganò, qui reçoit tous les Comptes-Rendus officiels des banques populaires établies en Allemagne et en Italie, l'a constaté maintes et maintes fois, les documents à la main, et particulièrement ici, il y a deux ans, dans les conférences qu'il a tenues dans la *Salle des Arts,* au *Café du Casino* et chez quelques personnes des plus notables de la ville.

R. — Mais qui est ce M. Viganò ?

M. — M. Viganò est professeur de sciences commerciales à l'Institut technique royal de Milan ; il a écrit plusieurs ouvrages sur les institutions populaires et en a fondées un grand nombre qui prospèrent toutes sans exception. En un mot, c'est un des plus chauds promoteurs des institutions coopératives.

R. — Mais, dites-moi, je vous prie, quel intérêt peut avoir M. Viganò à faire une telle propagande ?

M. — L'intérêt de tous : car, il n'en a aucun personnel ; cette propagande l'entraine même souvent dans bien des dépenses.

R. — J'ai peine à croire qu'on puisse sacrifier son temps, son argent sans aucun intérêt. En tous cas, ici, il y a des banquiers, il y a des succursales des grandes banques de Paris. Il me semble qu'une autre banque n'aurait pas de raison d'être.

M. — L'existence même des banques et des banquiers, à Saint-Germain, ne prouve-t-elle pas qu'il s'y fait un commerce important ? Mais, ces banques sont d'un accès difficile aux agriculteurs, aux petits commerçants et aux manufacturiers.

R. — Ne craignez-vous pas que les banquiers ne s'opposent à cette nouvelle institution ? L'Italie au début eût à lutter contre ces difficultés et les banquiers, se mettant dans les retrogrades, on fait tout le possible pour s' opposer à cette nouvelle institution. Mais leur opposition cessa devant le succès croissant des banques populaires ; eux-mêmes mirent bientôt à profit ces banques, soit en y déposant une partie de leur argent, soit en faisant avec elles des opérations.

R. — On voit que vous êtes enthousiaste des banques populaires.

M. — J'aime le bien des ouvriers et de tous ceux qui travaillent : on ne saurait trop propager les institutions qui peuvent leur procurer de l'argent à des intérêts modérés et, par là, leur faciliter les moyens d'améliorer leur situation.

R. — Je ne suis pas un barbare, moi non plus, mais n'avons-nous pas déjà la caisse d'épargne ?

M. — La Caisse d'épargne, selon moi, représente l'âge de bronze dans l'histoire des institutions populaires, le mont-de-piété en étant l'âge de pierre. Les caisses d'épargnes ne reçoivent ni ne paient tous les jours ; de plus, elles donnent un très petit intérêt. Les Banques populaires, au contraire, reçoivent et paient tous les jours et, en outre, elles reçoivent depuis les sommes les plus minimes jusqu'aux sommes les plus fortes ; on peut y déposer de l'argent à partir de 50 centimes, et elles donnent plus d'intérêt que la caisse d'épargne. Elles ont encore l'avantage de prêter aux associés, soit sur leurs actions, soit sur dépôts d'autres valeurs. Les caisses d'épargne, excepté celles d'Italie et de quelques autres Etats, ne prêtent pas aux déposants.

R. — Je ne nie pas que les Banques populaires n'aient du bon ; mais il faudrait avant tout les voir établies à Paris. Que Paris donne l'exemple, et nous le suivrons à Saint-Germain.

M. — Lorsque vous connaîtrés bien l'histoire des banques populaires, vous verrez qu'elles ne commencent jamais dans les grandes villes, maïs toujours dans les petites. En Allemagne, on commença en 1849, à Delitzsch, petite ville ; en Italie, on a commencé à Asola, presqu'un village, et à Lodi, également petite ville. Et, en France, M. Viganò a réussi à en fonder une qui fait d'excellentes affaires à Cannes (Alpes-Maritimes), ville de 14,000 habitants. Cette banque a commencé ses opérations avec 14,000 francs et maintenant, après deux années d'exercice, elle possède un capital de 500,000 francs, ayant donné 9 0/0 dans la première année, et 10 °/ₒ dans la seconde. Saint-Germain peut donc commencer avec courage et croire au même succès que Delitzsch, Lodi e Cannes.

R. — Mais comment trouver parmi nous des personnes qui veulent bien s'occuper de la chose ? Où trouver des employés, des administrateurs ? Je crains bien que des gens, assez zélés pour consacrer une partie de leur temps à cette œuvre, ne soient rares à Saint-Germain.

M. — Vous vous trompez. Le zèle et l'amour du bien public ne manquent pas ici, et mille choses en font foi; ne voyons-nous pas partout de belles rues, des fontaines, etc.; un jardin public, un parc, une forêt parfaitement entretenus, et des établissements de toutes sortes très importants. Nous manquons encore, il est vrai, d'un lycée, mais tout cela viendra avec le temps.

R. — Pourquoi n'a-t-on pas donné suite à l'entreprise commencée par M. Viganò, en 1876; il me semble que les souscriptions avaient été ouvertes et qu'on avait adopté les statuts de la Banque populaire de Cannes, modelés sur ceux de la Banque populaire de Milan et réglés sur la loi française de 1867.

M. — Les pratiques ont été lentes, mais ont continué. Nous en parlerons dans une autre conversation, où je vous exposerai de nouveau, et avec plus de détails, les grands avantages d'une Banque populaire.

II.

Initiation d'une Société de credit populaire.

R. — Je suis presque converti, et continuerai avec plaisir notre conversation. Mais avant de parler des avantages des Banques populaires, dites-moi quelque chose sur la manière de les fonder, car, mes idées sur ces institutions sont un peu confuses.

M. — Bien volontiers. On débute par recueillir une vingtaine d'adhérents. Ceux-ci se chargent de convoquer le public à une première séance, dans laquelle on commence à payer le premier dixième des actions et la taxe d'entrée.

R. — Vous parlez d'actions et de taxe d'entrée sans m'indiquer la valeur ni des unes ni de l'autre.

M. — Vous avez raison. Les actions des banques populaires sont en général de 50 francs, payables par dixième, mois par mois. La taxe d'entrée nécessaire pour les premiers frais et pour commencer la réserve, est de 4 à 5 francs par action, qu'on paye en souscrivant ou en deux ou trois versements.

R. — Votre banque populaire ne risque-t-elle pas de passer dans les mains de quelque gros capitaliste, ou d'un ennemi des institutions populaires, qui accaparerait une partie des actions et pourrait, ou laisser tomber la banque, ou lui donner un but contraire à l'esprit de ces institutions ?

M. — Ce danger a été prévenu et les promoteurs de ces banques, afin d'éviter ce péril, ont etabli dans les statuts, que les associés ne pourraient prendre au delà de 50 actions, et que le souscripteur, quelque fût le nombre de ses actions, n'aurait jamais droit à plus d'une voix dans les assemblées.

R. — On dit que les ouvriers peuvent également devenir associés de ces banques. Comment le peuvent-ils, si pour y participer il faut avoir un petit capital, comme l'a dit M. Luzzati dans le congrès des sociétés de prévoyance de Paris ?

M. — C'est parfaitement vrai ; il faut s'y préparer par l'épargne, mais quel est l'ouvrier qui ne peut épargner, avec un peu d'effort, 5 francs par mois pendant 10 mois ? cinquante francs étant la somme suffisante pour devenir associé d'une banque populaire. Les caisses d'épargnes n'en sont-elles pas la preuve ? le plus grand nombre des déposants étant des ouvriers, des domestiques, des petits industriels, et en général ceux qui vivent de leur travail.

R. — Mais que reste-t-il encore à faire pour fonder une banque populaire après avoir tenu une première séance et ouvert la souscription ?

M. — Il faut tenir une seconde séance, deux ou trois semaines après. Ce laps de temps aura permis à une commission d'adhérents, nommée dans la première réunion, de chercher d'autres actionnaires parmi les boutiquiers, les petits industriels et parmi tous ceux qui aiment le bien public. Dans cette seconde séance on lit et on approuve les statuts. Dans notre cas la chose serait vite faite, car on n'aurait qu'à adopter les statuts de Cannes qui ont été revus par la Chambre des notaires de Paris, et qui son conformes à la loi française de 1867, sur les Sociétées commerciales et coopératives.

R. — Vous avez déjà vanté les banques populaires de

Milan et de Cannes. Mais de quelle nécessité devons-nous copier leurs statuts ?

M. — Trois tentatives de banques populaires à Paris ont déjà échoué pour n'avoir pas voulu tenir compte de l'expérience. La banque populaire de Milan est la première du monde ; elle a été imitée par les 160 banques populaires de l'Italie. Pour vous dire un mot sur cette institution, il suffit de vous apprendre que l'année dernière (1877) elle a fait un mouvement de caisse de 1.234.000.000 de francs ; que celle de Cannes, en deux ans, a fait des miracles, donné de bons dividendes et porté son capital de 50.000 francs à 500.000. La vérité est une, et ce qui réussit dans un pays doit également réussir dans un autre.

R. — Combien faut-il d'actions pour commencer une banque du peuple ?

M. — Il en faut 500 pour que la Société soit considérée comme légalement existante. Les souscriptions trouvées, le premier dixième et la taxe d'entrée payés, dans une troisième séance, on nomme le personnel administratif. Après quoi on prend un notaire, on lui prouve que le payement prescrit par la loi est fait, on lui présente les procès verbaux des trois séances et un exemplaire des statuts, puis le notaire fait l'acte de Société qui, dans notre cas, s'appellerait : « *Acte de la constitution de la banque populaires coopérative et à capital variable de Saint-Germain-en-Laye et de ses environs.* » Voilà votre banque fondée. Le lendemain on peut commencer les opérations.

R. — Vous plaisantez. Un dixième de 500 actions, plus la taxe d'entrée nous donne 4,500 francs. Que peut-elle faire, avec une si petite somme, votre société ?

M. — Je répondrai à cette question dans un prochain entretien, dans lequel nous parlerons des opérations de cette institution, et vous comprendrez alors plus facilement les grands avantages d'une banque populaire.

III.

Commencement légal de la Société et de ses opérations.

R. — Notre conversation m'intéresse beaucoup. Repondez maintenant, je vous prie, à ma dernière question.

M. — Vous disiez que 4,500 francs sont un très-petit capital pour commencer. Mais quand le public saura que la banque est sérieusement instituée, l'acte de la constitution de la société rédigé, que le personnel administratif (Conseil d'administration, d'escompte, des contrôleurs, des arbitres) est formé par des individus qui jouissent de l'opinion publique, les souscriptions augmenteront. Les versements prescrits par la loi 1867, donneront la faculté d'augmenter le capital social et de le fixer immédiatement à 100.000 ou à 200.000 francs.

R. — Votre imagination vous emporte. Supposons que les souscripteurs tardent à se faire voir, je soutiens, comme je n'ai pas votre foi, que 4.500 francs sont insuffisants pour commencer les opérations. Dites-moi comment ferez vous alors pour augmenter cette somme ?

R. — Avant tout, d'après l'experience, on sait qu'il y a des souscripteurs qui paient immédiatement plus d'un dixième à l'acte de la souscription. Mais mettons que tons les souscripteurs ne paient qu'un dixième par mois.

R. — Que feriez-vous alors ?

M. — Ecoutez bien. Les notaires agissent lentement : ce serait un miracle si l'acte de la société est fait en un mois. Après l'acte il faut en communiquer un extrait aux autorités locales ; (article 55) et il faut trouver un local, les employés (directeur, caissier, comptable, etc.) Tout cela vous prend au moins trois mois ; par conséquent vous avez le temps d'encaisser deux autres dixièmes ; ainsi au lieu de 4,500 francs, vous en aurez 9.500 ; c'est-à-dire 3 dixièmes, plus la taxe d'entrée des 500 actions. On peut donc commencer les opérations. Il faut encore considérer qu'ordinairement les personnes qui forment le Conseil administratif souscrivent chacune au moins six actions. M. Viganò dit que lorsque une société est légalement constituée, le capital nécessaire ne manque jamais.

R. — Je vois que vous trouvez réponse à toute objection. Eh bien, l'acte est rédigé, l'extrait est déposé, un capital suffisant est versé ; tout est prêt : les livres, la grande caisse à trois clefs et la petite pour le caissier. Le directeur et les employés sont à leur place. Quelles seront leurs opérations ?

M. — Toutes celles des autres banques.

R. — Alors une banque populaire est inutile.

M. — Il y a cependant pour les banques populaires des opérations qui constituent leur caractère spécial.

R. — Quelles sont-elles ?

M. — 1° Le prêt aux associés sur dépôt de leurs actions. Si vous avez cinq actions, par exemple, vous pourrez vous faire prêter 250 fr. Quand votre banque atteindra une certaine prospérité, vous pourrez vous en faire prêter le double. Voilà ce qui arrive. Supposons que celui qui emprunte 250 francs paie 6 p. 0/0 pour quatre mois, c'est-à-dire 5 francs compris la commission, et que la banque à la fin de l'année donne un dividende de 5 francs par action, soit 25 francs pour les cinq actions ; il aura payé 5 francs pour l'emprunt et reçu 25 francs de dividende. La banque ne donne-t-elle que 3 francs au lieu de 5 francs, il gagnera toujours 10 francs. Il est bien entendu que le prêt, par exemple, sur cinq action ne peut surpasser 250 francs dans la voie ordinaire, ou 500 francs quand la banque prospère. Il n'y a pas de banques ordinaires qui prêtent sur dépôt de ses propres actions.

R. — Votre banque populaire est presque la banque gratuite de Prudhon. Expliquez-moi la seconde operation.

M. — C'est l'escompte des *factures du travail.*

R. — Qu'est-ce qu'une facture de travail ?

M. — Un exemple vous fera tout comprendre. Un menuisier, un maçon, un serrurier ont travaillé pour un client ; ces ouvriers ont-ils besoin d'argent ? ils portent leurs notes à ceux qui les ont fait travailler, les priant de les régler et de les acquitter. Les clients répondent qu'ils sont prêts à les régler, mais ne peuvent les payer qu'après deux ou trois mois. Ils portent leurs factures à la banque qui les escompte de suite. Vous comprenez bien que cette opération est d'une grande utilité.

R. — Moi, j'enverrais au diable les ouvriers et leurs factures.

M. — Je vous estime trop pour vous croire capable d'une telle cruauté. Les administrateurs d'une banque populaire devraient, dès le début, afin de populariser cette importante opération, conseiller à leurs fournisseurs de se valoir de leur facture de travail, dont l'escompte leur donnera les moyens d'acheter favorablement les objets nécessaires à leur industrie, continuer leur travail et améliorer ainsi leur situation.

R. — Vous voulez toujours avoir raison. Certainement que si on pouvait vulgariser cette opération, les travailleurs surtout, en recuilleraient un grand avantage. Dites-moi quelque chose de la troisième opération que vous dites particulière aux banques populaires.

M. — Ce sont les dépôts d'épargne. Vous savez que les banques populaires reçoivent tous les jours et payent également tous les jours: reçoivent des dépôts, à partir de 50 centimes jusqu'a la somme la plus élevée, à 1/2 p. 0/0 plus que la caisse d'épargne de la localité. On paie à presentation 500 fr. et à de bref délais les plus grosses sommes.

R. — Je commence à devenir, moi aussi, un adhérent et presque un apôtre de vos banques populaires.

M. — Quand ceux qui aiment l'humanité ont compris le but des institutions d'une si haute importance, ils en deviennent les amis enthousiastes, les promoteurs les plus zélés. Les adorateurs du passé et de ses privilèges en sont les seuls ennemis et les seuls qui tàchent d'entraver la marche du progrès.

R. — Vos paroles sont des vérités.

M. — A bientôt la continuation de notre conversation.

IV.

R. — J'ai bien réfléchi, mon ami, à tout ce que vous m'avez dit, et je persiste à croire qu'il sera bien difficile d'établir une banque populaire à Saint-Germain. L'exemple de Cannes ne suffit pas à me convaincre, les habitudes ici étant toutes différentes.

M. — Que dites-vous ? Saint-Germain ferait-elle exception ? Voyez l'Italie, qui n'est pas bien loin, elle compte plus de 160 banques, la Belgique, qui touche à la France, en a 19, la Russie en a plus de 100, l'Allemagne des milliers ; en Alsace et en Lorraine, deux banques populaires existent ; enfin dans tous les pays, les gens riches, le grand commerce, la grande industrie n'ont-ils pas des banques ? Si donc les riches ont recours à ces institutions, les petits commerçants, les manufacturiers, les paysans en profiteront à bien plus forte raison.

R. — Pourquoi alors trouve-t-on tant de difficulté à créer une banque ici ?

M. — Parce que les classes peu aisées, les travailleurs, ne comprennent pas leurs intérêts, ils ne croient pas à ceux qui les aiment et voudraient améliorer leur condition ; une partie aussi des difficultés vient des classes riches qui, jalouses des anciens priviléges, aident à propager tout ce que vous m'avez dit contre l'institution des banques populaires.

R. — Je comprends bien que si les riches ont besoin d'argent en beaucoup de circostances, les petits industriels, les boutiquiers, les paysans en ont plus besoin encore. Je sais aussi que partout il existe des banques pour les classes aisées.

M. — Il me semble que vous commencez à vous apercevoir de l'utilité des banques populaires.

R. — Continuez à m'expliquer les opérations. Vous m'avez dit que les banques populaires font toutes les opérations des banques ordinaires. Quel avantage y aurait-il donc à dépendre d'une de ces institutions pour l'escompte ?

M. — 1° La banque populaire escompte les lettres de change

de la plus minime importance, de 20, même de 10 francs. Quelle est la banque ordinaire qui ferait une telle opération et qui ne renverrait pas le présentateur en se moquant de lui? 2° Elle fait des avances sur titres de bonnes valeurs. Un associé, par exemple, possédant une action ou une obligation de chemin de fer, de tramway, d'omnibus, un titre de rente française ou italienne de 5 francs ou de 3 francs, a besoin d'argent, il se présente à la banque avec son titre, mettons à 10 heures du matin, à une heure de la même journée on lui donne les 4/5 de la valeur au prix du jour. Si l'obligation est de 330 fr. l'avance faite sera de 264 francs; si le titre de rente de 5 pour 100 est à 113 francs, l'avance sera de 90 francs et 40 c. pour chaque titre, et pour le titre italien de 5 francs de rente qui serait à 72 francs, l'avance sera de 57 francs et 60 c.

R. — Mais ces opérations se font aussi dans les autres banques.

M. — Si vous présentez un titre de 5 francs ou de 3 francs à une banque ordinaire, on vous rira peut-être au nez, tandis que la banque populaire est à votre service, les employés sont vos employés, associés comme vous, nommés par vous, la caisse de cette banque est votre caisse.

R. — Eh bien quelles sont les autres opérations?

M. — Les banques populaires italiennes en font une autre, que les banques populaires françaises pourraient faire aussi; ce sont les avances sur dépôts de marchandises non avariables, et aux paysans associés de la localité, sur les récoltes sur pied, même quand celles-ci ne sont pas assurées.

R. — Il me semble que cette opération pourrait emporter tout le capital de la société.

M. — Pas du tout. La banque de Lodi en Lombardie fait cette opération sans aucun danger. Cependant on ne fait cette sorte d'avance que lorsque la banque est arrivée à une certaine prospérité.

R. — Je comprends; votre banque est une espèce de caisse pour tous ses associés.

M — Parfaitement, la banque populaire tend à devenir la

caisse générale de la localité ou elle est établie. Si vous avez besoin d'envoyer de l'argent dans une autre ville de la France, même à l'étranger, votre banque se charge de le faire, en prenant seulement une petite commission. Si vous avez des titres entre les mains et que la crainte vous vient d'être volé, de les perdre ou d'oublier l'endroit où vous les avez mis, vous les déposez dans votre banque qui vous les conserve, et encaisse pour vous les coupons et les intérêts, presque pour rien. Vous pouvez aussi déposer de l'argent à la banque qui vous en paie l'intéret selon l'échéance, et il ne reste pas ainsi improductif dans vos tiroirs. Votre banque avec cet argent paie sur un simple reçu nommé *chèque* que vous signez, et sur lequel vous inscrivez le nom de la personne et la somme à payer. Ces chèques se détachent d'un livret que vous donne la banque.

R. — Les autres banques font ceçi.

M. — C'est vrai, mais les intérêts, les commissions payés pour toutes ces opérations vont dans la poche des banquiers ou des riches associés Pour avoir une voix dans les séances de ces grandes banques il faut posséder au moins 25 actions de 500 fr. chacune. Savez-vous quelle opération font encore les banques populaires italiennes ?

R. — Non, laquelle ?

M. — Elles paient les impôts des associés qui peuvent oublier les jours des échéances.

Notre conversation a été longue aujourd'hui ; la semaine prochaine nous parlerons de la manière d'employer les profits, profits qui ne manquent jamais.

V.

Prêts à découvert et partage des profits.

R. — Je suis content de vous voir, mon cher ami, et de reprendre notre conversation. Je puis même vous dire qu'il me revient de bien des côtés que notre projet prend racine.

M. — Vous savez bien que quant à moi, je ne doute pas qu'il ne réussisse.

R. — Il y a pourtant encore des *mais*.

M. — Expliquez vous.

R. — J'ai bien compris que les banques populaires offraient ce grand avantage de faire les plus petites opérations, de prêter sur dépôt de leurs actions et d'escompter les factures du travail, mais ne faut-il pas toujours des garanties ? et ces banques, pas plus que les autres, ne prêtent à découvert. Elles ne sont donc pas complétement populaires.

M. — Qu'entendez-vous par le mot populaire ?

R. — Il me semble que ce mot indique les classes qui travaillent et les dernières couches de la Société.

M. — Ce mot a un sens bien plus large : peuple veut dire la somme des citoyens qui compose un Etat. Et les banques populaires ou du peuple embrassent toutes les classes, les riches comme les pauvres peuvent y parteciper ; mais celui qui possède cinquante actions comme celui qui en possède une, n'ont chacun qu'une voix dans les Assemblées. Avant les banques populaires, les riches seuls et les industriels avaient des banques, maintenant le crédit est descendu jusqu'aux plus pauvres. Lorsqu'il n'existait ni ces institutions ni les caisses d'épargne, les classes non aisées n'avaient que les cruels monts-de-piété et aucun moyen de faire garder et fructifier les quelques sous qu'elles avaient amassés si péniblement.

R. — Vous avez beau dire ; je répète que vos banques populaires ne peuvent pas servir aux classes tout à fait inférieures, puisqu'elles ne prêtent pas un centime à découvert, car même la facture du travail représente, soit un travail exécuté, soit une marchandise vendue. Je n'admet donc pas votre définition de banque populaire.

M. — Presque toutes les banques populaires d'Italie prêtent le double de l'action, soit 100 francs par action de 50 francs. Celle de Milan a derniérement disposé de 10,000 francs pour prêter aux associés besoigneux et honnêtes, ne leur demandant aucune garantie.

R. — Il faut toujours cependant que quelqu'un déclare que l'associé est honnête.

M. — Pour faire partie d'une banque populaire, il faut être présenté par deux associés, par conséquence aucune déclaration de ce genre n'est pas nécessaire, car nos banques comme les autres, tiennent un carnet sur lequel on note la susceptibilité du crédit de chaque actionnaire. C'est ce carnet, tenu avec conscience et humanité, qui décide du crédit à découvert.

R. — Je dois encore vous dire que j'ai vu quelqu'un, il y a deux ans, favorable aux banques populaires, qui m'a dit sans donner de raisons : *Je parie qu'une banque populaire ne se fondera pas ici.*

M. — Qu'avez-vous répondu ?

R. — J'ai répondu que je tenais le pari et que je savais que des personnes honorables et très-influentes, qui étaient autrefois contraires à cette institution, sont prêtes aujourd'hui à appuyer les efforts qu'on fait pour fonder une banque populaire à Saint-Germain et continuent les souscriptions déjà commencées.

M. — Très-bien.

R. — Vous avez dit dans votre dernière conversation, que vous me parleriez un peu de la distribution, parmi les associés, des profits de la banque.

M. — Volontiers. Je vous dirai que les dividendes des banques populaires d'Italie, sans parler de ceux d'Allemagne et de Belgique sont toujours très-satisfaisants. Ils ont surpassé quelquefois 20 0/0; ordinairement ils sont de 6 à 15 0/0. M. Viganò, dans son dernier Compte-Rendu des 160 banques populaires italiennes et de celle de Cannes, a dit que la banque populaire d'Alexandrie a donné 20 0/0 — celle de Trevise, 18, 33 0/0 — celle de Vicenza 15 0/0 — les deux de Tortona, de 12 à 15 0/0 — celle de Milan, 14 0/0 — Paulula, 13, 21 0/0 — Montelupo Fiorentino, 13 0/0 — Lodi, 12, 50 0/0 — Castelfranco Veneto, 12, 50 0/0 — Crema, 12 0/0 — Codogno, 12 0/0 — Terni, 12 0/0 — Faenza, 12 0/0 — Cittadella, 11, 17 0/0 — Rionero in Volture, 11 0/0 — Valenza, 11 0/0 — Modigliana, 10 76 0/0 — Avola, 10, 32 0/0 — Varese, 10, 50 0/0 — Padova, 10, 24 0/0 — Forlì, 10 0/0 — Santa-Sofia, 10 0/0 — Mantova, 10 0/0 — Lugo, 10 0/0 — Vittoria, 10 0/0 — Intra, 10 0/0 — enfin celle de Cannes 10 0/0 — et les autres inférieures à 10 0/0.

R. — Expliquez-moi comment ont fait le partage des profits de la banque populaire ?

M. — Quand on a déduit les frais d'administration, (salaire des employés, postes, éclairage, chauffage, frais de chancellerie, etc.) le dixième des dépenses d'installation, les intérêts des dépôts en épargne et en compte courant, on partage le reste comme il suit : on assigne ordinairement 70 0/0 aux actionnaires — 20 0/0 à la réserve, jusqu'à ce qu'elle ait atteint le quart du capital social, — 10 0/0 aux employés selon leurs salaires.

Adieu, mon ami, remettons à la semaine prochaine la continuation de notre conversation.

VI.

Réserve et Administration.

R. — Bonjour, Maxime. Votre dernière conversation m'a beaucoup intéressé. Je voudrais, cependant, que vous me disiez ce qu'on fera de 20 0/0 attribués à la réserve quand elle aura atteint le quart du capital social et, avant tout, que vous m'expliquiez ce que veux dire « la réserve. »

M. — Les cooperateurs anglais et ceux qui, en 1867, ont publié à Paris le « *Journal de l'Association* » appelaient la réserve le capital de l'avenir, car cette réserve est une espèce de garantie vis-à-vis du public et des associés présents et futurs et, en quelque sorte, un sauvetage en cas de danger.

R. — Je ne comprends pas trop ce que vous venez de dire. Parlez-moi plus positivement.

M. — A la fondation d'une banque populaire il faut faire

des frais pour se procurer les meubles nécessaires, les livres servant à la comptabilité ; il faut payer une partie du loyer etc., etc. Ce sont les quatre francs de taxe d'entrée qui commencent à former ce qu'on appelle *la réserve*, qui servent à ces premières dépenses. Le capital social reste ainsi intact. Ces frais s'amortissent en dix ans. Supposons qu'ils soient de 6,000 francs, pendant dix ans, vous amortissez annuellement 600 francs.

Si la banque n'a que 1,000 actions ou même 500, les taxes d'entrée auront donné dans le premier cas 4,000 francs, dans le second 2,000. Au bout de l'année les frais d'installation auront réduit la réserve à 3,400 ou à 1,400 francs. Ces sommes commenceraient la réserve qui s'augmenterait de 20 0/0 tous les ans jusqu'à ce qu'elle soit arrivée au quart du capital social. Si on a 1,000 actions le capital sera de 50,000 francs et la réserve complète 12,500 francs. S'il arrive quelque malheur, des pertes inattendues, des petits profits, on emploie ce capital épargné ou réservé pour remédier aux pertes, pour donner aux associés un dividende raisonnable. La réserve est aussi destinée à servir de garantie aux deposants, en la mettent à la banque à compte courant.

R. — Je comprends maintenant ce que veut dire la réserve. C'est comme l'argent que chacun met de côté pour un cas de maladie et d'évènements imprévus qui peuvent arriver à sa famille. Mais quand cette réserve est consommée, comment faites-vous pour réparer aux pertes ultérieures, pour donner un peu de dividende aux associés ?

M. — Avons-nous, par exemple, consommé les 12,500 francs que nous avions amassés comme réserve d'un capital social de 50,000 francs, nous recommencerons à la refaire lui assignant à nouveau 20 0/0 des profits nets.

R. — Très-bien. Mais vous ne m'avez pas encore expliqué ce qu'on fait des 20 0/0 de ces profits nets assignés à la réserve quand celle-ci est arrivée à son complément.

M. — C'est l'assemblée générale des associés qui en décide la destination. Quelquefois les banques assignent 20 0/0 comme augmentation du dividende, en général, quand celui-ci, sans cette augmentation, serait un peu faible. Quelquefois on le destine à quelque établissement de bienfaisance et à des buts patriotiques. Quelquefois on en donne une partie aux associés et l'autre est partagée en médailles de présence aux administrateurs. Ceux-ci, ordinairement, renoncent à ces rétributions, comme il arrive souvent que le directeur et le caissier, au commencement d'une banque, renoncent à leurs salaires.

R. — A propos d'administrateurs, dites-moi de combien de personnes seront formés les conseils d'administration, d'escompte, des contrôleurs et des arbitres.

M. — Les conseils d'administration et d'escompte des banques populaires, d'un capital médiocre, sont formés chacun de douze personnes ; les comités des controleurs et des arbitres par trois personnes des plus estimables du pays.

R. — Hé hé, où voulez-vous trouver 30 personnes qui veulent perdre leur temps pour votre banque populaire ? Vous prétendez une chose impossible.

M. — Non pas seulement 30 personnes, il en faut au moins 36.

R. — Dites-moi quelque chose qui puisse me faire croire à la possibilité de composer l'administration de votre banque.

M. — A part le président et le vice-président il faut avoir un directeur qui est choisi par le Conseil d'Administration, un caissier nommé de même par ce Conseil, un comptable choisi par le directeur et un domestique. Je vous assure, mon cher ami, que dans tous les pays, des personnes très-estimables, jouissant de l'opinion publique, ont toujours accepté des charges presidentielles et administratives dans une banque populaire. Une telle institution, comme je l'ai déjà signalé, s'approche de plus en plus à la caisse municipale, qui embrasse tous les intérêts pécuniaires des citoyens de la localité. Je vous répète encore que la banque populaire, dans l'avenir, sera une espéce de ministère des finances municipales. En Italie déjà, par exemple, il y a des banques populaires qui font la trésorerie municipale et provinciale. Par conséquent les places administratives d'une banque populaire sont des recommandations pour ceux qui désirent devenir ou hommes politiques ou membres d'un Conseil municipal.

R. — Pardon, mais il me semble que vous allez trop loin. Enfin, ces 36 personnes doivent donner la plus grande partie de leur temps pour gouverner votre banque.

M. — Vous vous trompez. Je parle par expérience. Il ne faut pas vous effrayer de la besogne de tout le personnel administratif, car le Conseil d'Administration tient ses séances ordinairement tous les quinze jours seulement où il veut, quand il veut. Il est nécessaire, cependant, qu'un administrateur assiste hebdomadairement aux opérations de la journée; ainsi les 12 administrateurs ont à travailler une semaine toutes les douze semaines. Deux Conseillers d'escompte doivent être présents pendant une demie heure, chaque jour de travail, pour décider avec le conseiller administratif de tour ou de la semaine, les opérations à faire. Les trois contrôleurs, appelés censeurs, peuvent visiter la banque, contrôler la caisse et la comptabilité quand ils le desirent. Les arbitres chargés de décider les querelles et controverses qui peuvent naître parmi les actionnaires et la Société, sont rarement dérangés. Le directeur, le caissier, le comptable et le garçon de caisse sont des employés salariés bien qu'ils doivent être aussi associés. Ainsi vous voyez, mon cher ami, qu'il n'est pas impossible de former l'administration d'une banque populaire, même si les associés étaient seulement 36. Il faut aussi penser que les personnes qui s'associent pour fonder une banque populaire, aiment ces institutions utiles à eux-mêmes et à leurs associés.

R. — Vous me persuadez ; je tâcherai de convaincre mes amis des avantages d'une telle banque mutuelle et de les décider à en fonder une à Saint-Germain.

M. — Au revoir. Dans notre prochain entretien nous exposerons les opérations d'une journée de banque populaire.

VII.

Opérations d'une journée de banque populaire.

R. — Nous nous sommes séparés la dernière fois, lorsque vous alliez me parler des opérations que fait en une journée une banque populaire. J'ai expliqué à mes amis, qui ont compris aussi bien que moi, ce que c'est que la réserve, les conseils et les comités d'une banque populaire. Je désire connaitre les opérations dont vous me parliez et vous prie de mettre les points sur les *i* dans vos explications.

M. — Je ferai de mon mieux, et si l'élégance et la tournure manquaient dans mes expressions, j'espère pourtant, par la connaissance que j'ai de ces matières, expliquer clairement ce que je veux dire.

R. — La foi et la conviction qui vous animent, mon cher ami, agissent sur ceux qui vous écoutent, et les persuadent.

M. — Supposons donc que notre banque est légalement fondée et que journellement les souscriptions, les dépôts, les opérations augmentent et que, de jour en jour, le pays comprend davantage son importance.

R. — Voyons donc l'emploi de cette journée.

M. — Patience. Eh bien, à huit heures du matin, le garçon de bureau prépare tout, ouvre les bureaux, et pas plus tard qu'à neuf heures, le directeur, le caissier et le comptable sont à leur place. Ces trois personnes seront mises au courant, ainsi que l'a promis M. Viganò, par le vice-directeur ou un autre employé de la banque populaire de Milan, sans frais.

R. — Ceci me rassure, car je doutais qu'on pût trouver immédiatement des personnes connaissant le travail de ces institutions.

M. — A dix heures la caisse est ouverte selon les prescriptions des statuts et des règlements, et en présence de l'administrateur de la semaine. Les clients commencent à entrer.

R. — Comme vous allez vite !

M. — Eh bien ! un client vient porter son épargne avec son livret ; un autre apporte de l'argent en compte courant payable à présentation ; un troisième en dépose à échéances déterminées, pour avoir un intérêt supérieur à celui qu'accorde la banque au déposant en compte-courant payable à présentation. Un quatrième vient avec une lettre de change à escompter ; d'autres demandent de l'argent sur une facture de travail ; un autre désire emprunter sur ses cinq actions ; un sur une seule ; un autre a besoin d'argent et le demande sur dépôt d'un titre 5 0/0 de francs de rente ; un autre demande un mandat pour une somme de 300 francs, qu'il doit payer à Marseille, par exemple ; un autre apporte des obligations de chemin de fer pour en faire le dépôt et les administrer, etc., etc.

Ceux qui sont venus déposer soit de l'argent, soit des titres sont expédiés de suite ; on dit à ceux qui viennent en chercher de revenir à une heure aprè-midi.

Dans cette intervalle le directeur, aidé par le comptable, examine si les actions de celui qui demande son emprunt sont égales à la somme demandée ; si les factures de travail à escompter ont de bonnes signatures et si la somme à escompter ne surpasse pas le chiffre de crédit inscrit dans le carnet des informations, si l'échéance ne dépasse pas quatre mois. On observe si les valeurs présentées pour avoir des avances (rentes de l'Etat, obligations et actions de chemin de fer) sont sans exception si la somme des prêts, des avances et des charges de la banque n'est pas au-delà de sa force.

Il écrit tout ceci sur une feuille de papier, dans laquelle il met les pièces justificatives et donne en même temps son avis sur chaque client.

R. — Un *mais* ici se présente à mon esprit.

Supposons que pour répondre à toutes les demandes faites en ce jour, la caisse se trouve épuisée, que ferez-vous le lendemain, je vous le demande ?

M. — Je m'attendais à votre observation. Il arrive en

effet que la banque a quelquefois besoin d'argent. Savez-vous en ce cas comment on s'en procure? On prend un nombre suffisant de lettres de change escomptées et signées par le directeur, on les présente à escompter de nouveau à la banque nationale ou à ses succursales ou à une bonne banque quelconque. La banque nationale d'Italie et ses succursales escompte très-volontiers les lettres de change, déjà escomptées par les banques populaires. La banque populaire de Cannes trouve à escompter ses papiers déjà escomptés chez la succursale de la banque de France de Nice, au crédit Niçois, soit même chez quelqu'un de ses administrateurs commerçants. La banque populaire de Milan reçoit quelquefois dans une journée un milion et plus en dépôts.

R. — Votre explication me rassure. Comment continue la journée?

M. — A onze heures le Conseil d'Escompte se réunit ordinairement et examine les demandes des clients, les avis donnés par le directeur en l'interrogeant sur l'un ou sur l'autre, et revoit les pièces justificatives, puis donne son verdict positif ou négatif. S'il y a quelques doutes sur une demande, on renvoit la réponse au lendemain en chargeant quelqu'un de prendre de plus amples informations.

R. — Quand a-t-on un moment de repos?

M. — L'opération du Conseil d'escompte se fait très-vite, ed à 11 heures et 1/2 tout travail est suspendu ; il est seulement nécessaire qu'une personne reste au bureau. À midi et 1/2 les employés sont à leur poste et à une heure, pas avant, les clients viennent chercher la réponse à leurs demandes. Ceux qui ont une réponse favorable reçoivent l'argent sur un reçu en règle.

R. — Mais le vote contraire, s'il est publiquement connu, peut nuire à celui contre lequel il est porté.

M. — Il n'y a pas de doute si telle chose était connue, mais avant de faire partie d'une banque populaire, tout le personnel donne la promesse solennelle de garder le secret des affaires de la banque. A 2 heures, la caisse est fermée.

Bien entendu que de 10 heures à 2 heures elle est ouverte pour les paiements et les recettes. Ensuite on s'occupe de comptabilite et le directeur fait la correspondance.

R. — Et si tout à coup vers 2 heures il arrive un contrôleurs pour voir comment marche la banque ?

M. — Eh bien, que ce contrôleur arrive, le garçon annonce sa visite, les employés ne se troublent pas pour cela, le contrôleur (ou censeur) demande la Situation de la veille, avec laquelle il contrôle la caisse, les lettres de change, les titres ; il examine les livres, fait des interrogations, écrit son jugement sur un carnet special. Si d'après les jugements notés sur ce carnet, les censeurs jugeaient nécessaire de réunir l'assemblée générale, ils peuvent le faire sans consulter le conseil administratif. Si le contrôleur ne trouve aucune remarque à faire, il se retire après sa visite.

R. — Je comprends la fonction des contrôleurs, mais que de choses dans cette journée.

M. — Nous approchons de la fin. Après la visite inattendue, les employés observent le carnet des censeurs. Le comptable fait la situation de la journée en double, dont une est destinée pour la présidence. Le caissier fait le bilan de la caisse en présence du directeur et de l'administrateur de la semaine, qui signe toutes les opérations importantes de la journée ; on resserre dans la grande caisse l'argent et tous les titres, lettres de change, etc., etc. On ferme la caisse à triple tour et la journée est finie.

R. — Un instant, je veux savoir ce que veut dire *Situation de la journée.*

M. — Voici en peu de mots ce que c'est. La journée se termine par la situation qui se fait en prenant pour point de départ la situation de la veille, et en ajoutant ou en diminuant sur chaque compte général les affaires de la journée courante.

Je termine en vous donnant une bonne nouvelle. Je sais par M. Viganò qu'avant la fin de l'année, une des 20 banques populaires qu'il avait proposé de fonder à Paris, sera établie.

R. — Merci, mon cher ami, de toutes les explications que vous m'avez données ; vous m'avez convaincu ; je convaincrai à mon tour tous mes amis et fonderai avec eux cette banque.

M. — Bien, mon ami, courage et en avant. Fondons, fondons la banque populaire de Saint-Germain et de ses environs !

FIN.

STATUTS

TITRE I.

CONSTITUTION. — OBJET. — DURÉE ET SIÈGE DE LA SOCIÉTÉ.

ARTICLE PREMIER. — Il est formé à Cannes entre les soussignés et tous ceux qui adhéreront aux présentes par la souscription d'actions, une Société de crédit anonyme coopérative, à capital variable.

ART. 2. — La Société prend la dénomination de **Banque populaire de Cannes et de ses environs.**

ART. 3. — Elle a pour objet la création et le fonctionnement d'une Banque d'escompte, de dépôts et d'avances.

ART 4. — La Société sera constituée dès que le nombre des actions souscrites aura atteint le chiffre de MILLE, et dès que le versement du DIXIÈME du montant de ces actions aura été effectué.

ART. 5. — La durée de la Société est fixée à **cinquante ans**, à partir du jour de sa constitution légale, constatée par délibération de l'Assemblée générale des souscripteurs. Cette durée pourra être prolongée par une resolution de l'Assemblée générale.

ART 6 — Le siège de la Société est à Cannes, dans le local de ses bureaux.

ART. 7. — On peut établir des succursales et des agences dans d'autres localités de la France.

TITRE II.

CAPITAL SOCIAL. — ACTIONS.

ART. 8. — Le capital social est fixé comme maximum éventuel de souscription, au chiffre de **Cent mille francs**, divisé en deux mille actions de **Cinquante francs** chacune.

Art. 9. — Le capital social peut être augmenté successivement par délibération de l'Assemblée générale, mais seulement d'année en année et sans que chaque augmentation puisse être supérieure à **Deux cent mille francs.**

Art. 10. — Le capital social peut être diminué à cause du remboursement des actions souscrites à ceux des associés qui seront exclus de la Société, dans les formes déterminées ci-après, et encore à cause du remboursement des actions souscrites par ceux qui voudront cesser d'en faire partie. Ces remboursements n'auront lieu que dans les conditions ci-après indiquées aux articles 29 et 30.

Toutefois le retrait volontaire des actions souscrites cesserait d'être un droit et d'avoir lieu dans le cas où il amènerait la réduction du capital émis, en comprenant dans ce capital emis les augmentations successives qui pourront être décidés en conformité de l'article précédent.

Art. 11. — A partir de la constitution légale de la Société les nouveaux souscripteurs d'actions ne seront admis qu'après qu'ils auront été agrées par le Conseil d'Administration et sur demande appuyée par deux associés.

Art. 12 — Les Sociétés coopératives de production et de consommation, celles de secours mutuels et de crédit, peuvent être admises dans la Banque Populaire avec les droits et obligations d'un associé ordinaire, mais leur intervention dans toute affaire sociale n'aura lieu que par l'intermediaire d'un chargé de pouvoirs réguliers.

Art. 13. — Toute souscription d'actions, pour être valable doit être accompagnée d'un premier versement de **Cinq francs** sur chaque action, du payement d'une taxe d'entrée fixe de **quatre francs** aussi par chaque action, et d'une somme correspondant à l'importance du fonds de réserve existant au moment de la souscription.

Cette somme sera fixée par la Commission. À défaut de ces versements immédiats, toute souscription est considérée comme non-avenue.

Art. 14. — Le restant du montant des actions souscrites doit être acquitté, par dixièmes et par mois a compter du jour de la souscription sans qu'il soit besoin d'appel ultérieur collectif ou individuel.

Art. 15. — Tout versement en retard donne cours de plein droit à un intérêt de cinq pour cent par an à compter de l'exigibilité, sans aucune mise en demeure.

Art. 16. — Toute souscription d'actions est constatée par une inscription sur le registre *ad hoc* de la Société, et par la remise d'un récépissé nominatif, indiquant le nombre et le numéro des actions souscrites et les versements effectués.

Ce récépissé, joint à ceux sur lesquels seront mentionnés les versements partiels successifs, servira de titre provisoire.

Le titre définitif sera remis contre le dernier versement.

ART. 17. — Les titres définitifs, toujours nominatifs sont extraits d'un registre à souche, numérotés, frappés du timbre sec de la Société et revêtus de la signature de deux administrateurs.

Ils constatent le nombre et les numéros des actions souscrites et libérées.

ART. 18. — Les dividendes de toute action sont valablement payés au porteur du titre.

ART. 19. — Chaque action libérée suivant les termes des articles 13 et 14, donne droit, sans distinction, à une part égale dans la propriété du fonds social et dans les bénéfices attribués aux actionnaires.

ART. 20. — Tout associé peut, par anticipation, sur les versements partiels indiqués dans l'article 14, libérer les actions par lui souscrites.

ART. 21. — Le droit de chaque action au dividende annuel est calculé et réglé à la fin de chaque trimestre d'après l'époque et le chiffre des versements effectués.

Pour régler la participation au dividende annuel tant des actions libérées par anticipation, que des nouvelles souscriptions admises à partir de la constitution légale de la Société, l'année sociale est divisée en quatre trimestres.

Le droit proportionnel au dividende de ces actions et de ces souscriptions ne commence à courir que du premier jour du trimestre qui suit immédiatement celui pendant lequel le versement complémentaire de l'action a été effectué ou la souscription régularisée.

ART. 22. — La cession des titres d'actions provisoires et définitifs ne peut avoir lieu qu'avec l'approbation du Conseil d'Administration.

Elle s'opère et se régularise par une déclaration de transfert, inscrite sur les registres de la Société et signée du Cédant et du Cessionaire ou de leurs fondés de pouvoir.

En cas de déclaration que le Cédant ou le Cessionnaire ou tous les deux ne savent ou ne peuvent signer, le transfert devient régulier par les signatures de deux administrateurs apposés au dessous de la déclaration.

ART. 23. — La possession d'une action emporte, de plein droit, adhésion aux Statuts de la Société et aux décisions des Assemblées générales.

Art. 24 — Les obligations et les droits attachés à l'action suivent le titre dans quelques mains qu'il passe.

Toute action est indivisible ; la Société ne reconnaît qu'un propriétaire pour chaque action.

Art. 25. — Les héritiers, ayant droit, ou créanciers d'un actionnaire ne peuvent, sous quelque prétexte que ce soit, provoquer l'apposition des scellés sur les biens et valeurs de la Société, en demander le partage ou la licitation, ni s'immiscer en aucune manière dans son administration ; ils sont tenus pour l'exercice et la qualité de leurs droits de s'en rapporter aux inventaires sociaux et aux déliberations de l'Assemblée générale.

Art. 26. — Les actionnaires ne sont engagés que jusqu'à concurrence du montant de leurs actions, au delà et sous quelque prétexte que ce soit, aucun autre appel de fonds ne peut être fait, sauf la taxe d'entrée fixée par l'article 13.

TITRE III.

REPRISE DES ACTIONS. — EXCLUSION DE LA SOCIÉTÉ.

Art. 27. — Tout associé a la faculté de se retirer de la Société, à moins que le retrait de ses actions n'amène la réduction du capital social au dessous du chiffre fixé par l'article 10.

Il doit faire connaître son intention de se retirer au Président du Conseil d'Administration, non par mandataire verbal, mais en personne ou par écrit.

Art. 28. — Tout associé pourra être exclu de la Société par l'Assemblée générale composée d'actionnaires représentant la moitié au moins du Capital Social et par décision prise à la majorité des voix.

Art. 29. — L'associé sortant ou exclu restera tenu pendant cinq ans envers les associés et envers les tiers de toutes les obligations existant au moment de sa retraite ou de son exclusion.

Art. 30. — L'associé qui se retire de plein gré a droit, *(tout comme celui qui est exclu de la Société)*, au remboursement de la valeur de ses actions.

Cette valeur, devra être réglée d'après l'avoir constaté dans le dernier inventaire, et la somme revenant à l'associé sortant ou exclu ne sera payée que dans les six mois qui suivront la retraite ou l'exclusion.

Tout associé sortant ou exclu perd de plein droit, sa part de réserve ainsi que la taxe d'entrée qui reste acquise à la réserve du fond social.

TITRE IV.

OPÉRATIONS DE LA BANQUE.

Art. 31. — **La Banque Populaire de Cannes et de ses environs** est créée en vue et a pour objet de faire les opérations suivantes en faveur des associés.

1.r Escompter leurs lettres de change ;

2.e Escompter leurs factures ou notes de fournitures, marchandises et travail approuvées et acceptées par ceux qui doivent les payer ;

3e Leur accorder des prêts à interêts ;

4.e Recevoir en dépôt leur argent et leurs valeurs et leur ouvrir des comptes courants ;

5.e Faire des encaissements et des recouvrements pour leur compte ;

6.e Administrer les valeurs déposées ;

7.e Leur faire des avances sur dépôt de titres.

Art. 32. — Les sommes restant en caisse après avoir satisfait à ces opérations de la Banque, peuvent être employées de la manière et dans les formes déterminées par le Conseil d'Administration, à escompter des lettres de change à des personnes non associées, connues par leur solvabilité ; comme aussi à acheter des bons de la Trésorerie de l'Etat, des titres d'emprunt de l'Etat, des Départements, des Municipalités et des Syndicats agricoles.

Les effets présentés à l'escompte par d'autres que par les sociétaires devront porter deux signatures connues et ne pas dépasser trois mois d'échéance.

Art. 33. — Les prêts et les escomptes les plus petits ont la préférence.

Art. 34. — L'associé qui demande un prêt doit se trouver dans des conditions qui en assurent l'exacte restitution, c'est-à-dire, être notoirement solvable.

Art. 35. — Le Conseil d'Administration peut accorder un crédit à chaque associé, dans les limites du montant des versements operés sur ses actions. Pour obtenir un prêt supérieur, l'associé devra fournir, en outre, la caution d'autres associés ou de personnes étrangères à la Société, mais toujours d'une solvabilité bien reconnue.

Le Conseil d'Administration, agissant avec le concours du Comité d'Escompte, admet ou refuse ces cautions.

ART. 36. — Les prêts peuvent être faits, suivant les circostances, soit contre les lettres de change, soit contre de simples obligations civiles.

ART. 37. — Le délai de remboursement des prêts ne doit pas dépasser trois mois, mais la Commission peut accorder un renouvellement.

Les remboursements peuvent être réglés par fractions et à diverses échéances, pourvu que la dernière échéance ne dépasse pas le délai de trois mois.

ART. 38. — La Banque ne peut escompter même aux associés, des lettres de change, factures, notes ou autres valeurs, dont l'écheance n'aura lieu qu'après plus de trois mois à partir de la date de leur présentation.

ART. 39. Les dépôts d'argent que la Banque reçoit de ses associés sont acceptés avec ou sans intérêt.

Pour le montant des dépôts en argent et en valeurs des associés, la Banque leur ouvre des comptes-courants au moyen de carnet de chèques ou de bons de caisse, le tout sous les conditions fixées par le Conseil d'Administration.

ART. 40. — Tout associé peut conférer à la Banque le mandat de payer ou de recevoir pour son compte, dans les limites de la Ville de Cannes et de ses environs, avec les provisions suffisantes, et le simple remboursement des dépenses.

Quand la Banque étendra son action au delà de Cannes et aura dans d'autres localités des relations de banque, elle pourra de même faire les recettes et des payements pour le compte des associés dans ces localités.

ART. 41. — La Société ayant pour mission de propager le crédit parmi les travailleurs au moyen de l'épargne et de la coopération, s'interdit formellement toute espèce d'opérations aléatoires.

TITRE V.

INVENTAIRE, BÉNÉFICES ET FONDS DE RÉSERVE.

ART. 42. — L'année sociale commence le 1r octobre et finit le 30 septembre.

ART. 43. — Le Conseil d'Administration dresse à la fin de chaque trimestre un état sommaire de la situation active et passive de la Société, qui est mis à la disposition des commissaires et publié, si le Conseil d'Administration le juge utile, par la voie des journaux.

Art. 44. — Un inventaire est dressé à la fin de chaque année le trente septembre. Il clot l'exercice annuel et constate d'une manière détaillée la situation de la Société.

L'inventaire annuel est imprimé et mis à la disposition des actionnaires qui pourront chacun en prendre un exemplaire dans les bureaux de la Société.

Le Conseil d'Administration peut, s'il le juge utile, le faire insérer dans les journaux de la ville.

Art. 45. — Les bénéfices constatés par l'inventaire qui clot l'exercice annuel son partagés entre toutes les actions, *(sauf le cas prévu dans l'article* 21 *au sujet des actions non entièrement libérées)* après prélèvement:

1.r Du vingt pour cent destiné au fonds de réserve;

2.e Et du dix pour cent affectés aux employés de la Banque.

Art. 46. — Le fonds de réserve est formé :

1.r Avec les taxes d'entrée;

2.e Avec le prélèvement sur les bénéfices, réglés par l'article précédent.

Lorsque le fonds de réserve se trouvera égal au quart du capital social souscrit, la quote part de vingt pour cent qui lui est destinée pourra servir, en partie, à donner des jetons de présence aux membres des Comités, et le reliquat sera versé en fonds de réserve.

Au cas d'une éventuelle diminution de la réserve, il lui sera affecté de nouveau le versement de vingt pour cent sur les bénéfices jusqu'à ce quelle atteigne le maximum qui vien d'être déterminé.

TITRE VI.

ADMINISTRATION DE LA SOCIÉTÉ.

Art. 47. — Les affaires de la Société sont administrées et surveillées par :

1.r Les Assemblées générales des associés;

2.e Le Conseil d'Administration;

3.e La Direction;

4.e Le Comité d'Escompte;

5.e Le Comité des Censeurs ou Commissaires de surveillance.

§ 1.er — *ASSEMBLÉE GÉNÉRALE.*

Art. 48. — L'Assemblée générale, régulièrement constituée représente l'université des actionnaires.

Les décisions sont obligatoires pour tous même pour les absents et les dissidents.

Art. 49. — L'Assemblée générale se compose de tous les actionnaires qui viennent y prendre part.

L'absent ne peut se faire représenter à l'Assemblée générale que par un autre associé nanti d'un pouvoir spécial écrit, daté et signé.

Art. 50. — Chaque actionnaire, quelque soit le nombre des actions par lui possédées, n'a droit qu'à une seule voix.

Art. 51. — L'Assemblée générale se réunit chaque année dans le mois d'octobre, au siège social, ou dans un local désigné par le Conseil d'Administration. — Elle peut être réunie extraordinairement sur convocation du Conseil d'Administration, du Comité des Censeurs ou encore sur la demande formulée par écrit d'au moins un cinquième des associés.

Art. 52. — Les convocations aux assemblées générales sont faites huit jours francs au moins à l'avance, tant par lettres individuelles, adressées au domicile que chaque actionnaire aura élu dans le canton de Cannes que par avis publiés dans les journaux de Cannes.

Art. 53. — L'Assemblée générale est régulièrement constituée lorsque le nombre total des actions des membres présents ou représentés, atteint le quart du capital social souscrit.

Si sur une première convocation, l'Assemblée ne réunit pas ce nombre, il est procédé de suite à une seconde convocation à quinze jours de date de la première.

A cette seconde réunion, les délibérations seront valables quelque soit le nombre des actionnaires présents et des actions représentées.

Dans ce cas, l'ordre du jour de la première convocation ne pourra être modifié.

Art. 54. — L'Assemblée générale désigne son Président, son Secrétaire et deux Assesseurs, lesquels forment ensemble le bureau.

Art. 55. — L'ordre du jour est indiqué par le Conseil d'Administration. Toutefois il est tenu d'y mentionner toute proposition qui lui aurait été soumise dix jours au moins avant la réunion, avec la signature d'au moins dix actionnaires.

Cet ordre du jour est préalablement soumis aux commissaires de surveillance.

Il doit être mentionné dans les lettres et avis de convocation.

Art. 56. — L'Assemblée générale entend le rapport du Conseil d'Administration sur les affaires sociales ; elle entend également le rapport des commissaires de surveillance sur la situation de la Société, sur le bilan et sur les comptes présentés par les administrateurs ; — elle discute les comptes et, s'il y a lieu, les approuve ; — elle fixe le dividende à répartir ; — elle nomme les administrateurs et les commissaires à remplacer pour l'exercice suivant. Tous ces objets de délibération sont de droit à l'ordre du jour de l'assembée annuelle d'octobre, quand bien même ils n'auraient pas été mentionnés dans les convocations.

En outre, les assemblées générales délibèrent et statuent sur tous les intérêts de la Société et confèrent au Conseil d'Administration tous les pouvoirs supplémentaires dont la nécessité serait reconnue, pourvu que les propositions y ayant trait aient été indiquées dans les lettres ed avis de convocation.

Art. 57. — Les délibérations de l'Assemblée générale sont constatées par des procès-verbaux, transcrits sur un registre spécial et signés des membres du bureau.

Art. 58. — Une feuille de présence contenant les noms et domiciles élus des associés assistant ou représentés à l'Assemblée générale, est certifiée par le bureau et annexée au procès-verbal pour être communiquée à tous requérants.

Art. 59. — Les copies ou extraits à produire en justice ou ailleurs, des délibérations de l'Assemblée générale sont signés par le Président du Conseil d'Administration.

§ 2.e — *CONSEIL D'ADMINISTRATION.*

Art. 60. — Le Conseil d'Administration est composé de 12 Conseillers qui sont nommés en Assemblée générale, au scrutin secret et à la majorité absolue des voix des membres présents ou représentés.

Ils sont élus pour deux années et sont renouvelables par moitié tous les ans.

Tous sont rééligibles.

A la fin de la première année le sort désignera la moitié des membres sortants ; dans la suite l'ancienneté servira de régle.

Art. 61. — En cas de vacance d'un ou plusieurs siéges

au Conseil d'Administration, la première assemblée générale doit pourvoir à la nomination des nouveaux conseillers.

Art. 62. — Le conseil d'Administration nomme à la majorité des membres présents, dans la première réunion qui suit son élection, le Président et le Vice-Président, lesquels restent en fonctions jusqu'à la désignation de leurs successeurs, l'année suivante, ou jusqu'à leur remplacement dans le cours de l'année, s'il y a lieu, par la majorité du Conseil d'Administration.

En l'absence du Président, le Vice-Président le remplacera avec toutes ses attributions; en l'absence de ce dernier, c'est le plus âgé des membres du Conseil d'Administration qui fait les fonctions de Président également avec toutes ses attributions.

Art. 63. — Les membres du Conseil d'Administration sont, comme les employés de la Société, des fonctionnaires sociaux, mandataires, temporaires et revocables.

Art. 64. — Le Conseil d'Administration se réunit au moins une fois par quinzaine.

Il nomme son Secrétaire pour la séance.

Pour que la réunion puisse prendre des décisions valables la présence de la majorité absolue des administrateurs en exercice est necessaire.

Les décisions sont prises à la majorité absolue des voix et à parité des voix, celle du Président décide la majorité.

Art. 65. — Il est tenu un registre des délibérations du Conseil d'Administration. Le procès-verbal de chaque séance indique les noms des membres qui y ont assisté, il est signé par le Président et le Secrétaire. — Les copies ou extrait des délibérations à produire en justice ou ailleurs sont certifiées par le Président ou son remplaçant.

Art. 66. — Le Conseil d'Administration nomme, suspend et révoque les employés de la Banque; il détermine leurs attributions, établit les depenses d'administration, verifie la caisse.

Il fixe le taux des escomptes, les intérêts des depôts, des avances sur depôt de titres, des comptes courants et des bons de caisse; il limite la somme qui pourra être employée à escompter les lettres de change présentés par des non-associés.

Il délibère et prend des résolutions sur toute affaire qui lui est soumise par le Directeur ou par les Commissaires de surveillance.

Il redige les états de situation trimestrielle, les rapports annuels, établit les bilans, propose les dividendes à distribuer.

Et généralment pourvoit à tout ce que comporte la marche régulière des affaires sociales, dans les limites et suivant les règles déterminées par les présents statuts et par les décisions des assemblées générales.

A ces attributions s'ajoutent tous les pouvoirs judiciaires; le droit de transiger et de compromettre, de consentir tous désistements, mains levées et radiations de toutes inscriptions, hypothécaires et privilégiées, de faire et accepter tous transferts; d'acheter et de vendre toutes rentes, valeurs actions et titres quelconques, cotés à la Bourse ou en Banque; de se faire représenter à cet effet par tous agents de change; de procéder à tous règlements; de déléguer tous mandataires avec pouvoirs speciaux; d'elire domicile.

Art. 67. — Les membres du Conseil d'Administration ne contractent vis-à-vis des tiers par l'effet de leur gestion, aucune espèce de responsabilité, soit solidaire, soit personnelle, sauf dans les cas prévus par la loi.

Art. 68. — Tout membre du Conseil d'Administration qui régulièrement convoqué et sans motifs valables agréés par le Conseil manque à trois réunions consécutives, est déclaré démissionaire par le Conseil, sauf son recours à la prochaine assemblée générale appelée à le remplacer.

Art. 69. — Au cas ou par suite de décès, de démission volontaire ou déclaré en vertu de l'article précédent, les membres du Conseil d'Administration en exercice se trouveraient réduits au nombre de moins de huit, une assemblée générale serait spécialement convoquée dans le délai d'un mois au plus, pour remplacer les membres décédés ou démissionnaires.

§ 3.e — *LA DIRECTION.*

Art. 70. — La Direction comprend:

Le Directeur;

Le Caissier;

Et les autres employés nécessaires pour le fonctionnement de la Société.

Art. 71. — Le Directeur est nommé par le Conseil d'Administration; il doit fournir une caution déterminée par le même Conseil.

A la séance dans laquelle le Directeur est nommé doivent être présents, au moins les deux tiers des Conseillers d'Administration, qui délibérent à la majorité absolue des voix.

Art. 72. — Le Directeur, sous la surveillance et la dépendance immédiate du Conseil d'Administration, agit comme délégué du dit Conseil et d'après les règles qui lui sont tracées ; il signe la corrispondance, les certificats ou récépissés de dépôts, les traites, les endossements, les quittances, lettres de change et autres effets semblables et en général tous les actes qui intéressent la société dans ses rapports avec les associés et les tiers.

D'accord avec le Conseil d'Administration, il établit et surveille la comptabilité, et approuve tous les règlements et comptes particuliers se rapportant aux opérations journalières de la Banque, et représente la Société devant les Tribunaux.

Il est admis avec voix consultative dans les délibérations du Conseil d'Administration et du Comité d'Escompte à moins qu'elles ne soient déclarées secrètes.

Art. 73. — Le Directeur peut faire des propositions pour les emplois et suspendre provisoirement les employés répréhensibles, en en référant immédiatement au Conseil d'Administration qui décide en dernier ressort.

Art. 74. — Le Caissier est nommé par le Conseil d'Administration ; — il a la gestion de la caisse de la manière déterminée par le règlement général ; — il doit tenir à jour et en pleine évidence le livre de caisse, de manière à pouvoir constater de suite les entrées et les sorties ; — il est tenu de rendre compte de l'état de la caisse avec justification des recettes et dépenses à toute réquisition du Directeur.

Art. 75. — Le Caissier doit fournir une caution qui est déterminée par le Conseil d'Administration.

Art. 76. — Le Conseil d'Administration, peut dans telles circostances dont il apprécie la gravité, suspendre et révoquer le Directeur et le Caissier.

Art. 77. — En cas d'absence du Directeur et du Caissier ou de vacance de leur emploi un membre du Conseil d'Administration remplit provisoirement leurs fonctions, toujours sous le contrôle et la dépendance du dit Conseil.

Art. 78. — Le Directeur, le Caissier et les autres employés de la Société ont des appointements fixes dont le chiffre est déterminé par le Conseil d'Administration.

Art. 79. — Le Directeur et les autres employés doivent chacun posséder au moins une action de la Société.

§ 4.e — *COMITÉ D'ESCOMPTE.*

Art. 80. — Le Comité d'Escompte est composé du Conseil d'Administration et de douze associés élus en Assemblée générale ; — il est constitué par la présence de cinq membres, dont deux conseillers et trois associés élus.

Le Comité d'Escompte règle lui-même, s'il y a lieu, la périodicité des tours de présence.

Art. 81. — Aucun effet ne peut être escompté par la Banque, et aucune avance ou prêt ne peut être accordé sans l'approbation du Comité d'Escompte, qui délibère à la majorité absolue des voix.

Art. 82. — Le Directeur et tous les autres employés sont tenus de répondre aux informations demandées par le Comité d'Escompte.

§ 5. — *COMITÉ DES CENSEURS OU COMMISSAIRES DE SURVEILLANCE.*

Art. 83. — Les Censeurs ou Commissaires de surveillance sont au nombre de trois.

Ils sont élus en Assemblée générale, à la majorité absolue des voix et au scrutin secret.

Ils restent en charge une année et sont rééligibles.

Art. 84. — Ils veillent à l'exécution des Statuts, des règlements intérieurs et des délibérations de l'Assemblée générale ; — ils se présentent à tour de rôle une fois par semaine, au siége de la Banque, pour connaître la marche des affaires ; ils ont le droit d'obtenir du Directeur et de tous les employés, les informations qu'ils désirent, de vérifier l'état de la caisse et le portefeuille, les registres de comptabilité et autres, le tableau de toutes les opérations, les éléments qui servent à établir le bilan et généralement toutes les pièces de la comptabilité et la correspondance.

Art. 85. — Les Commissaires notent dans le registre des délibérations du Conseil d'Administration, les avertissements qu'ils croient opportuns de présenter sur la marche des affaires et la gestion qu'ils sont chargés de surveiller ; ils préviennent même le Conseil d'Administration de toute irrégularité qu'ils craindraient voir se produire.

Ils doivent donner à l'assemblée générale qui coïncide avec l'expiration de leur mandat un rapport écrit avec les détails nécessaires, sur l'administration et la marche des affaires sociales.

Art. 86. — Ils ont le droit, en cas de nécessité reconnue par eux de convoquer extraordinairement l'Assemblée générale, ainsi qu'il est dit en l'article 51 ci-dessus.

TITRE VII.

DISSOLUTION DE LA SOCIÉTÉ.

Art. 87. — La Société est dissoute de plein droit même à la requête d'un seul actionnaire :

1.r Par la diminution du capital social au-dessous du quart des actions émises dont le nombre est aujourd'hui de six mille.

2.e En cas de perte de la moitié du capital social souscrit, par suite de mauvaises opérations de la Banque ou de toute autre éventualité. Dans ces deux cas, le Conseil d'Administration est tenu de convoquer l'Assemblée générale sans délai à l'effet de statuer sur la dissolution de la Société.

La résolution de la Société, qu'elle quelle soit est communiquée à tous les actionnaires par lettre individuelle adressée au domicile élu par chacun d'eux dans le canton de Cannes et publié dans les journaux de Cannes.

Art. 88. — L'Assemblée générale convoquée sur une proposition de dissolution, doit réunir la moitié au moins des actionnaires. À défaut il serait fait une nouvelle convocation à quinzaine. Si ce second appel ne réunissait pas la moitié au moins des actionnaires, la Société serait immédiatement dissoute de fait et les liquidateurs nommés par le Tribunal de Commerce dont ressortirait le canton de Cannes.

Art. 89. — À l'expiration de la Société ou en cas de dissolution anticipée, l'assemblée générale réunissant la moitié au moins des actionnaires, règle le mode de liquidation et nomme un ou plusieurs liquidateurs avec les pouvoirs les plus étendus, à l'effet de réaliser les valeurs de la Société et d'en répartir les produits entre les actionnaires, après l'acquittement du passif et des frais de liquidation.

Pendant le cours de la liquidation et jusqu'à sa fin, les pouvoirs de l'Assemblée générale sont maintenus, comme pendant la durée de la Société.

TITRE VIII.

CONTESTATIONS.

Art. 90. — Toutes les contestations qui peuvent s'élever pendant la durée de la Société ou lors de sa liquidation, soit entre les actionnaires de la Société, les Administrateurs ou les Commissaires, soit entre les actionnaires eux-mêmes, relativement aux intérêts sociaux, sont soumises à la juridiction de deux arbitres, amiables compositeurs, désignés par les parties ou à défaut d'entente, nommés par le Tribunal de Commerce.

Art. 91. — Pour toute contestation de cette nature, comme aussi pour les convocations et la correspondance et généralement pour tout objet ayant trait à la Société, l'élection de domicile doit être faite dans le canton de Cannes, par chaque actionnaire. Cette élection de domicile peut être faite par une inscription spéciale sur le registre *ad hoc*.

A défaut d'élection spéciale de domicile, elle sera censée être au parquet de M. le Procureur de la République près le Tribunal de ce ressort; toutes significations à ce parquet seront en un tel cas valables.

L'élection de domicile effectuée ou celle qui tacitement est faite au parquet de M. le Procureur de la République, sont attributives de juridictions.

TITRE IX.

PUBLICATIONS.

Art. 92. — La situation financière de la Banque sera publiée chaque semestre par la voie des journaux de la localité.

Le compte rendu de l'exercice annuel approuvé par l'Assemblée générale sera publié de la même manière dans la quinzaine qui suivra l'assemblée.

Art. 93 — Pour faire le dépôt au greffe du Tribunal de Commerce de Grasse et de la Justice de Paix du Canton de Cannes, et pour faire insérer un extrait des Statuts dans les journaux de l'arrondissement, tous pouvoirs sont donnés au porteur d'une expédition ou d'un extrait des présentes.

Fait à Cannes, en double original, le dix-neuf septembre mil-huit-cent soixante-quinze. — (Et modifié en Assemblée générale extraordinaire, le vingt-un octobre mil-huit-cent soixante-dix-sept).

Voilà le Programme de la Liste des Souscriptions des actionnaires que j'ai envoyé avec une lettre explicative aux 20 Mairies de Paris :

CONDITIONS PRINCIPALES

DES

Souscripteurs des actions de la Banque populaire de ......

1.r La Banque..... est fondée sous la loi de 1867-Art.... et sous la forme d'une Société de crédit coopératif à capital variable.

2.e Le but est l'épargne, la mutualité et le prêt aux associés.

3.e Le capital est formé par actions de 50 francs payables par dixième.

4.e La taxe d'entrée est de 5 francs payables à la souscription.

5.e La durée de la Société est de 50 ans, prorogeables.

6.e Les opérations de la Banque sont les suivantes :

a) Prêts sur dépôts d'actions ;

b) Escompte de factures liquidées et acceptées ;

c) Dépôts en épargne, recevables tous les jours et payables tous les jours ;

d) Toutes les autres opérations des Sociétés de crédit ordinaire excepté les operations de Bourse et aléatoires.

7.e Le personnel administratif est composé par :

a) Un Président et un Vice-President ;

b) Par un Conseil administratif au moins de 9 membres ;

c) Par un Comité d'escompte de 9 membres ;

d) Par un Comité de Censeurs de trois membres;

e) Par un Comité des Arbitres de trois membres;

a) b) c) d) e) sont nommés par l'assemblée générale.

f) Par un Directeur et par les employés nommés par le Conseil administratif.

8.e Les bénéfices, après deduction des intérêts dùs aux deposants, des frais d'administration, etc., sont partagés comme il suit:

a) 70 0/0 aux actionnaires;

b) 20 0/0 à la resèrve;

Quand la resèrve a atteint le quart du capital social le 20 0/0 est assigné, soit au dividende, soit aux Conseil administratif et comité d'escompte comme médailles de présence, soit à la bienfaisance, ou selon les deliberations de l'Assemblée.

c) 10 0/0 aux employés equitablement en raison de leur salaire.

9.e Quand on est arrivé à la souscription de 1000 actions et même de 500, on considère ordinairement la Société legalement constituée.

LE

MOUVEMENT COOPÉRATIF

ET PROJET D'ÉTABLISSEMENT

DE 20 BANQUES POPULAIRES A PARIS

PAR

FRANCESCO VIGANÒ

Je publie ici l'article inseré dans la *Nouvelle Revue* le 1r juillet 1881 que je crois encore de quelque actualité, et à la fin de ce livre j'expose brièvement ce qui est arrivé pour les Sociétés coopératives de tout genre de 1881 jusqu'à present.

3 juillet 1881.

Chère Madame Adam,

Connaissant vos qualités littéraires, votre philanthropie, votre amour pour les nationalités, pour l'Italie et pour la Grèce, votre ardent et efficace devouement pour la France et la liberté, sachant aussi que vouz avez été la première à proclamer la juste nécessité des Trains gratuits du travail *pour les ouvriers, je vous dédie cet article, afin que vous recommandiez les institutions qui en sont l'argument.*

Votre tout dévoué,

Francesco Viganò.

C'est l'association qui doit donner au monde la liberté et l'égalité qui doit sanctifier la terre et en faire, selon la volonté de Dieu, une étape sur le chemin qui conduit à la perfection, un moyen par lequel l'homme peut arriver à une plus haute et plus noble existence.

MAZZINI.

LE MOUVEMENT COOPÉRATIF

Ces pages n'ont d'autre prétention que de faire embrasser d'un coup d'œil le mouvement coopératif et celui des banques populaires, c'est-à-dire de peindre à vol d'oiseau l'histoire de la coopération de ces dernières années.

Il est inutile de dire que ce mouvement vient de bien loin et que c'est la masse de la société qui travaille, laquelle, s'initiant de plus en plus à ses droits de fraternité humaine méconnus, fait de justes efforts pour les reconquérir. Quoi qu'en disent les adorateurs du passè, les droits de la fraternité humaine sont universels. Ils se révèlent de plus en plus, aidés même par les découvertes de la science et par le développement progressif des idées et des sentiments innés dans notre nature, développement qui s'accroît tous les jours en raison de ce progrès qu'aucune force ne peut arrêter et qui marche au but prévu et préconisé par lès grands réformateurs de la terre.

Aimez-vous les uns les autres, aidez-vous mutuellement, voilà le principe, la pierre fondamentale de toutes les associations tendantes à établir dans le monde l'harmonie des êtres humains à laquelle se sont continuellement opposés l'égoïsme, les préjugés, le privilège issu de la force brutale.

Quoique contrarié, repoussé, refoulé, soit directement, soit indirectement, ouvertement ou par des voies secrètes, le mouvement de bas en haut gagne incessamment du terrain ; on ne peut plus le méconnaître, il est une force irrésistible. Aidons-le, suivons la loi de la nature, le torrent sera bienfaisant, riche de biens immenses ; sinon, le torrent sera cause d'immenses ruines, de bouleversements dévastateurs.

En effet, si nous jetons un coup d'œil sur l'histoire, nous voyons que les quatre cinquièmes des lois proclamées dans le monde sont une continuelle concession arrachée aux puissants de la terre en faveur de ceux qui travaillent pour tous ; mais ces puissants tâchent de neutraliser l'efficacité des lois déjà concédées et d'arrêter le progrès. Ils sont obstinés et aveugles, car le mouvement qui vient d'en bas grossit, se fortifie, s'organise, et déjà, je le répète, il est irrésistible.

Je suis convaincu, et d'autres le sont avec moi, que l'esprit d'association qui vient d'en bas doit à la fin assainir celui qui vient d'en haut, c'est-à-dire celui des classes dirigeantes, des grands de la terre, des gouvernements, impuissants désormais à garantir les droits de tous.

C'est pour cela que le moment me paraît venu d'un aperçu à vol d'oiseau sur la coopération qui naît toujours là où il y a nécessité de combattre les obstacles opposés au progrès.

I.

A la fin du XVIIe siècle, l'Écosse n'était habitée que par deux classes de personnes : de riches propriétaires fonciers, et de misérables cultivateurs ; pas de classes moyennes, pas d'industrie ; le pays peu cultivé, sans routes, marécageux, malsain. L'Écosse (1695) obtint de fonder une banque privilégiée à l'instar de celle établie en Angleterre en 1694. On dit que cette banque aida la dernière expédition des Stuarts ;

peut-être est-ce pour cette raison que le parlement d'Angleterre lui enleva son privilège et accorda à toute association d'un certain nombre de membres réunis solidairement le droit de fonder des banques de circulation. Celles-ci surgirent et se propagèrent immédiatement sur tout le territoire écossais. En un clin d'œil on voit à leur suite, comme par enchantement, fleurir la prospérité du pays. On trace des routes, on creuse des canaux qu'on fait même monter sur les hauteurs ; partout paraissent des maisons, des champs ; le territoire est cultivé ; une classe moyenne naît et se développe ; la chaîne nationale du peuple écossais est complétée ; l'Écosse devient la Suisse de la Grande-Bretagne. Ainsi un châtiment a produit la prospérité de ce pays.

Si l'on a quelques doutes à propos de ce que je dis relativement à la transformation de l'Écosse par ces banques, qui sont les premières qu'à juste titre, à cause de leur forme, de leur mécanisme, de leurs opérations et de leur but, on peut appeler populaires, et qui furent fondées sur le puissant principe de la solidarité et du *Self-help*, qu'on lise les conférences de Blanqui, l'historien de l'économie politique ancienne et moderne.

Je ne veux pas parler ici de la renaissance des caisses d'épargne, car l'épargne était connue et pratiquée en Italie par les grandes banques inaugurées au XIVe siècle, particulièrement à Venise (Banco di San Marco) à Gênes (Banco di San Giorgio), et qui disparurent à la fin du siècle dernier sous le coup des évènements politiques. Je ne veux pas parler des caisses d'épargne créées par les enfants d'une petite école anglaise pour assurer les minces économies du travailleur, pour l'exciter à la prévoyance, et qui sont comme les nebuleuses des institutions de crédit populaire.

Je ne veux pas parler non plus des monts-de-piété fondés par des personnes pieuses, en vue de soustraire les misérables aux griffes et au vol des usuriers.

Je ne veux m'occuper que des associations coopératives.

Il y a eu bien des tentatives faites par des hommes dévoués pour en établir ; il y a quelques Owens qui y ont sacrifié toutes leurs forces, leur fortune, leur vie, semant la bonne nouvelle, qui, enfin, devait entrer dans le domaine des faits, en 1844, à Rochdale. C'est de Rochdale que s'est répandue la lumière pour montrer aux classes laborieuses la manière sûre et pratique d'arriver à l'amélioration de leur sort et à la possession de tous les droits de l'homme.

En 1844, vingt-huit pauvres tisserands, sans travail, ayant même perdu leurs petites économies par la faillite de la caisse d'épargne de Rochdale, se réunirent et dirent; « Aidons-nous, nous-mêmes. » Ils recueillent chaque semaine 30 centimes que chacun économise au prix de sacrifices incroyables. Quoique ridiculisés par tout le monde ils réussissent à fonder la « Société des équitables pionniers » et à faire un programme qui n'est pas encore complétement pratiqué, mais qui, par ses innombrables applications, doit absolument résoudre la grande question sociale (1).

En 1844, les membres de la société étaient au nombre de vingt-huit et la population de Rochdale s'élevait environ à 30,000 habitants. Au 31 décembre 1880, le chiffre de la population dépassait 70,000 et celui des membres de la société était de 10,613, c'est-a-dire de 42,452, parce que les sociétaires sont des chefs de famille et que chaque famille compte en moyenne quatre personnes. En 1844, le capital était de 28 livre sterling, soit 700 francs ; au 31 décembre 1880, il était de 292,570 livres sterling, soit 7,314,250 francs, appartenant intégralement aux ouvriers de Rochdale.

L'exemple de 1844 a produit dans le monde entier des milliers de sociétés cooperatives de toute espèce.

Lisez, je vous prie, l'*Histoire des équitables pionniers de Rochdale*, de Holyoake, et vous verrez les effets de cette grande force nouvelle, de cette puissance avec laquelle il faut désormais sérieusement compter et qu'on appelle : *Coopération.*

---

(1) Voir l'*Histoire des Équitables Pionniers de Holyoake, traduite de l'anglais* par Francesco Viganò, Paris 1881, librairie Guillaumin.

En 1848, après le bouleversement européen démocratique qui venait en grande partie du besoin de liberté et qui fut le signe et comme le précurseur des évènements de l'avenir, un juge de paix de Delitzsch, plein d'amour pour l'humanité, frappé des misères du petit industriel, du petit agriculteur et de l'ouvrier, sans aucune autorisation légale et même contre les lois existantes, fonda dans cette ville la première banque populaire d'Allemagne; il lui donna, comme en Écosse, la forme de la pleine responsabilité des membres ; le capital, comme à Rochdale, très mesquin, était recueilli au moyen de versements de 25 à 60 centimes par mois. Ce juge de paix, qui s'appelait Schulze (1), abandonna son petit tribunal pour se donner corps et âme à la propagation des institutions coopératives fondées sur le principe : « Aide-toi, toi-même. »

Schulze fut plus tard appelé par le peuple *Schulze-Delitszch.*

La banque populaire de cette petite ville a enfanté des milliers d'institutions semblables, semées dans le monde. Les seules banques populaires d'Allemagne comptent aujourd'hui par centaines de millions de francs leur capital, et elles ont fait l'année dernière à leurs associés des prêts qui s'élèvent à plus de deux milliards de francs ; il est bon de dire que, avant l'institution de ces banques, les emprunteurs n'auraient pas trouvé où emprunter cinq francs. Maintenant, Schulze-Delitzsch, par des travaux incessants et après d'immenses difficultés, à réussi à faire reconnaîtres par les lois de l'Allemagne les sociétés coopératives et les banques populaires.

L'année dernière, au congrès coopératif de Newcastle-on-Tyne, Vansittart Neale me disait : « En Angleterre, la coopération est sortie des vingt-huit ouvriers de Rochdale ; en Allemagne, du cerveau et du cœur de Schulze-Delitzsch. »

Maintenant, que dois-je dire de la France, de son généreux peuple, devant lequel le monde reconnaissant devrait s'incliner, attendu que depuis un siècle, avec la plus grande abnégation et les plus coûteux sacrifices, il a plusieurs fois

(1) Ce grand bienfaiteur de l'humanité, né en 1808, est mort le 29 avril 1883.

semé partout l'*égalité*, la *liberté*, *la fraternité?* Elle a fait toutes sortes d'essais : saint-simoniens, fouriéristes, ateliers nationaux, sociétés coopératives de tous genres, familistères, banques de travail, etc. ; quelques-unes de ces banques sont tombées, mais les défaites sont utiles, presque nécessaires, ce sont les frais d'installation, les frais d'apprentissage, les leçons de l'expérience. La France a fait encore plus par ses publications, ses journaux, ses livres, ses conférences, qui ont révélé à toute l'Europe ce qui se passait en Angleterre et en Allemagne ; la langue française est en effet une des plus grandes forces de la France. En 1857, l'Institut de France publie le programme d'un livre sur la coopération et sur les banques populaires. Je veux citer ici les noms des frères Recluze, de Lemercier, etc. ; je pourrais en nommer beaucoup d'autres qui, dans les journaux et les revues de la Belgique et de la France, ont enseigné d'une manière chaleureuse, efficace, généreuse, ce qu'est la coopération et ce que sont les institutions populaires. Leur propagande a attiré l'attention sur ce mouvement qui vient d'en bas et qui marche, je le répète et le répéterai toujours, vers un avenir de moralité, de liberté, d'harmonie sociale et de vraie fraternité.

II.

Il serait inutile de parler ici plus largement de la France. Nous connaissons l'œuvre des saint-simoniens, des fouriéristes et ce qui en reste ; nous connaissons les tentatives coopératives qui venaient d'en haut au temps de l'Empire, les congrès secrets de 1867, le familistère de Guise fondé par M. Godin, création unique dans le monde, merveille de tous ceux qui le visitent, où 1,200 ouvriers participent au bénéfice de l'usine et qui vaudrait la peine d'être complètement décrit et plus encore d'être imité. Nous connaissons l'institution Leclerc, de Paris, qui est peut-être la première société coopérative de participation fondée en Europe et qui est organisée de manière à lui assurer une prospérité toujours croissante.

Nous connaissons la fameuse typographie Mame, de Tours, où les ouvriers participent aussi d'une certaine manière aux bénéfices de la maison. Nous savons qu'il y a, dans le nord de la France, quelques sucreries qui admettent en participation des ouvriers. Nous savons également qu'il y a maintenant à Paris trente-deux sociétés de consommation, une trentaine de sociétés de crédit populaire et autant de production. De toutes ces sociétés, quelques-unes ont atteint une certaine prospérité ; quelques-unes traînent une vie difficile ; quelques autres vivent très faiblement; d'autres enfin se sont transformées en sociétés commerciales et industrielles ordinaires. Il y a eu plusieurs sociétés qui sont tombées, soit à cause de leur forme sociale, par l'adoption de la forme sociale *en commandite,* laquelle est absolument fatale et mortelle pour la coopération ; soit parce que le personnel administratif n'a pas fait son devoir ; soit enfin par la faute même des associés, par celle du public et, disons-le sincèrement, par la froideur et l'antipathie qu'on rencontre pour les institutions populaires du côté des gouvernements qui se sont succédés en France. Nous savons, en outre, qu'il existe encore d'autres sociétés coopératives de consommation en France, particulièrement des boulangeries, des boucheries, des laiteries coopératives.

On sait que j'ai fondé à Cannes une banque populaire qui marche à une grande prospérité, malgré quelques difficultés qui même auront servi à la rendre plus viable, plus vivace. Il y a une banque populaire à Lyon depuis 1861. Il y en a dans d'autres départements et l'on est en train d'en fonder plusieurs pour faire descendre le crédit jusqu'aux dernières couches de la société, pour y aider toute capacité individuelle, pour donner à tous ce travail auquel chaque membre de la société a droit.

On a connaissance des conférences que j'ai faites dans ce but à Saint-Germain, à Tulle, à Nice, à Antibes, à Vallauris, à Cannet, dans plusieurs sociétés humanitaires, chez plusieurs particuliers, à la *Redoute,* en 1876, sous la présidence du regretté M. Edmond Adam. Mon projet de fonder alors à Paris vingt banques populaires, une par arrondissement, a été l'objet d'un rapport fait par une commission élue à la réunion de la *Redoute* et chez M. Benjamin Rampal, où une souscription fut même commencée.

Les membres de cette commission étaient MM. Antide Martin, Bibal et Piperelle. Mais à propos de M. Rampal je ferai une observation : M. Rampal, en mourant, a laissé son patrimoine, près de deux millions, à la ville de Paris, pour servir et prêter à des sociétés coopératives et aux ouvriers, sous certaines conditions établies par le donateur. A ce bienfaisant héritage, ont droit par conséquence les sociétés coopératives et les ouvriers des vingt arrondissements. Le capital ne pourrait-il pas être réparti entre les vingt arrondissements en proportion des habitans de chacun, en vue de faciliter la fondation de vingt banques populaires qui seraient si nécessaires à la petite industrie, au petit commerce, à la petite agriculture des environs? Une banque populaire est une société coopérative. Si mon idée était adoptée, chaque arrondissement disposerait immédiatement, en moyenne, d'un capital d'environ 80,000 francs, et en peut d'années de 100,000 à l'extinction des deux pensions viagères constituées par le testament. Ce capital pourrait s'augmenter par des souscriptions personnelles pour la formation dans chaque arrondissement d'une société de crédit populaire à capital variables sous la forme spécifiée dans la loi de 1867. D'un seul coup, avec mon projet, on pourrait faire entrer en fonctionnement vingt banques populaires à Paris et ce ne serait pas trop, car on sait qu'à Berlin et à Vienne il y en a plus de soixante-dix dans chaque ville.

Ainsi, avec l'emploi du fond Rampal, qui devrait être surveillé par des délégués de la ville de Paris, il serait facile de trouver le personnel administratif de ces vingt banques. Le conseil administratif de chacune d'elles inspirerait une grande confiance, puisqu'il devrait comprendre un ou deux délégués de la municipalité parisienne, un ou deux délégués pris dans le conseil administratif de chaque arrondissement, et qu'il serait complété par élection de l'assemblée des sociétaires de l'arrondissement.

Pourquoi les nombreuses chambres syndicales de Paris qui, jusqu'à présent, n'ont été que des sociétés de résistance, ne se mettent-elles pas à la tête d'un efficace mouvement coopératif et cela sans abandonner leur caractère de résistance ? Elles renferment tous les éléments de succès : *personnel, influence, dévouement, capacité.* Qu'elles imitent les *Trades' unions* d'Angleterre qui, quoique sociétés de résistance, ont, dans ces dernières années, donné la main aux sociétés coopératives !

Puisque nous énumérons tout ce qui se fait en France au point de vue de la coopération, nous devons signaler la création à Paris d'une *Caisse centrale du travail et de l'épargne,* au capital de 50 millions et dont les actions toutes souscrites sont de 500 francs ; elle a l'intention de devenir le couronnement de toutes les banques populaires autonomes qui existent ou qui existeront en France et dont le capital est en général constitué par des actions de 50 francs, sur lesquelles seulement le dixième est appelé ; banques populaires auxquelles, on le voit, peuvent participer toutes les classes, même les plus déshéritées.

III.

En Italie j'ai enseigné, depuis 1843, dans les institutions techniques, ce qui se faisait en Écosse avec les banques populaires ; et plus tard je fis connaître l'histoire contemporaine de la coopération en Europe. En 1862, naissait à Asola une très petite banque populaire. À Côme, j'ai fondé la première société coopérative italienne. Maintenant il y a en Italie, en comptant les succursales, plus de 300 banques populaires et plusieurs sociétés coopératives ; elles prennent tous les jours de l'extension et elles embrassent tout le territoire italien.

Pour donner une idée de leur prospérité croissante, il me suffit de dire qu'au 31 décembre 1879, les banques populaires, en y comprenant les banques notées par les bulletins officiels sous la rubrique de banques ordinaires de crédit, mais qui sont de vraies banques populaires, possédaient un capital de 158,473,056 francs, que l'une d'elles, celle de Milan, avait en 1880 un capital de 11 millions et qu'elle a eu un mouvement de caisse de plus d'un milliard et demi; ses actionnaires ont touché 7 fr. et 20 cent. de dividende par action de 50 francs. Je ne veux pas parler des milliers de sociétés de secours mutuels italiennes (dont beaucoup font à leurs associés des prêts d'honneur), des banques d'avances sur blé *(monti frumentari)*, sur huiles d'olives, sur laiteries, des sociétés en participation des producteurs de chanvre, des typographes, des pêcheurs de corail, des fabricants de navires, non plus que des caisses d'épargne ordinaires et postales. Dernièrement on a fondé à Milan une société appelée l'*Union des banques populaires*; elle est présidée par M. Louis Luzzatti et est faite particulièrement pour la propagation des banques populaires.

En Belgique, les banques populaires sont de trois types: *à pleine solidarité, mixtes* et sous forme de sociétés *anonymes*. Le mouvement coopératif belge est dû surtout au dévouement et à l'initiative de M. d'Aigremont.

Ce mouvement coopératif, qui se généralise davantage chaque jour, a traversé les mers et se révèle sous différentes formes aux États-Unis d'Amérique, en Asie, en Australie, où il reçoit des applications tout à fait nouvelles, même au sujet de l'enseignement. Tout près de New-York existe l'Université de Cornell, où les écoliers, par différents services, payent leur enseignement, leur nourriture, tous leurs frais d'habitation, d'habillement, etc., etc.

En Russie, dans ce mystérieux pays, incompréhensible, presque impénétrable, mais qu'on essaye de deviner, nous savons, d'après les dernières relations, qu'il y a actuellement plus de mille banques populaires; j'ai un peu contribué à les fonder par des circonstances extraordinaires. La Russie avait depuis longtemps un principe de coopération dans ses sociétés appelées *artèles.*

Je n'en finirais plus si je faisais l'énumération des sociétés coopératives existant maintenant dans le monde.

Je ne parle même pas des futures et innombrables mises en pratique qui ne tarderont pas à être faites sur les hauteurs de la ville sainte de la coopération, puisqu'on entend l'appliquer à la grande industrie, à la construction des chemins de fer, des canaux, des villes, des ports, du défrichement, des grands travaux d'utilité publique.

Une société, la *Caisse du travail et de l'épargne* de Paris, a l'intention de commanditer les sociétés coopératives d'ouvriers dans les travaux qui lui seront confiés par l'État ou par des compagnies financières.

Infinis sont les effets qui sortiront de l'idée coopérative et du mouvement provenant des couches inférieures de la société, de ce monde de travailleurs dont les droits ont été jusqu'ici méconnus, quoiqu'ils nourrissent la société et qu'ils forment la base de la pyramide sociale.

Le jour viendra certainement où l'abominable préjugé qui porte à s'incliner devant l'oisiveté riche et privilégiée disparaîtra ; où le travail de l'intelligence, de la science, de l'industrie sera seul béni et honoré.

Déjà la coopération se propage : elle est en train de devenir le correctif du commerce de distribution par les sociétés coopératives de consommation ; le correctif de la grande industrie par les sociétés de production et de participation ; le correctif de l'industrie agricole par les unions agricoles coopératives, par la réforme des lois relatives au fermage, aux achats et aux ventes de la propriété foncière ; le correctif des unions financières qui tendent à centraliser entre un petit nombre de mains l'épargne des nations.

Sous l'effort incessant de ce mouvement qui vient d'en bas, s'il est secondé par les puissants et les classes qui jusqu'à présent ont dirigé la société, nous arriverons à cette concorde sociale qu'appellent tous les hommes qui désirent le bien de leurs semblables, but des aspirations, de tous ceux qui se sentent dans l'âme un amour véritable et agissant pour l'humanité. On ne doit pas se faire d'illusions ; il ne faut pas attendre au lendemain pour accomplir les œuvres nécessaires, si l'on ne veut pas que les tempêtes qui menacent nous surprennent et sèment partout la dévastation. Ouvrons les yeux ; hâtons-nous de donner la main à ce monde qui réclame ses droits au nom de la justice ; encourageons-le de toutes manières, par toutes les institutions dont le résultat est d'honorer le travail et d'améliorer matériellement, intellectuellement, moralement le sort de la classe la plus nombreuse et la plus pauvre.

Je suis optimiste ; quoique, de temps à autre, je sois saisi de découragement et de désillusions, j'ai toujours conservé au cœur l'espérance d'une solution pacifique de la crise sociale. Il y aura encore des secousses et peut-être des désastres, par la faute des adorateurs du passé qui s'opposent à l'avancement du progrès, de ce progrès constant, indomptable, infini ; mais nous approchons de plus en plus de ce XXe siècle que Chateaubriand a prophétisé comme le siècle où doivent régner la paix et la vraie fraternité humaine.

Que l'on ouvre les yeux ; qu'on se mette à l'œuvre, l'âme pleine de foi et d'espérance ; qu'on se laisse inspirer, — je le redis en terminant, — par l'amour véritable de l'humanité (1).

(1) Les personnes qui désireraient de plus amples renseigements sur les Institutions populaires peuvent les trouver dans les livres . *Banques populaires. Fraternité humaine, Vade Mecum des promoteurs des banques populaires*, etc. de Francesco Viganò (librairie Guillaumin).

LA FRATERNITÉ HUMAINE

SELON

JULES FAVRES

Je demande pardon au lecteur si je republie ici le jugement que M. Jules Favre a fait sur mon livre : LA FRATERNITÉ HUMAINE, traduite par Mad.[e] Jules Favre née Velten ; jugement qui a été publié par le journal *La Republique Française* le 23 janvier 1880, trois jours aprés la mort du même M. Favre.

Je fais cela, quoique ce soit trop flatteux pour moi, comme témoignage de la bonté qu'il a eu envers moi, parce que cet article contient des idées très-utiles et dignes d'être incessamment répandues pour le bien de l'humanité.

Encore aujourd'hui je remercie du fond de mon cœur ce grand orateur, véritable et sincère ami de l'Italie, ce grand homme d'État, qui a encouragée son Illustre femme à faire la traduction de mon livre.

« Voici un livre de bonne foi, écrit avec le cœur, et qui fait sincèrement aimer l'homme et le savant qui y a consacré ses consciencieuses veilles. De la première à la dernière page, on y sent courir un souffle de généreux enthousiasme d'ardentes convictions et de passion religieuse de l'humanité.

L'auteur est un apôtre dévoué de l'idée qu'il considère comme génératrice. Mais il ne se contente pas de l'exposer et de la défendre éloquemment, il en démontre scientifiquement les bienfaits, il invoque les leçons décisives de l'expérience et l'autorité souveraine des résultats justifiés par les chiffres. Son œuvre est donc complète, et l'exaltation de ses espérances y est constamment appuyée sur la rigueur des preuves accumulées par lui. À ce point de vue, elle est digne de l'attention de tous les penseurs, de tous les hommes de bien et de tous les esprits éclairés que préoccupent particulièrement les difficiles problèmes des réformes indispensables.

Son livre, publié pour la première fois en italien et en Italie, obtint en 1873 un grand et légitime succès. Aujourd'hui, grâce à l'élégante et fidèle traduction de M.me Jules Favre, il peut être offert aux lecteurs français, qui, certainement, l'accueilleront avec faveur. Ils y trouveront en effet, réunis et groupés par une main sagace autant qu'infatigable, tous les faits qui peuvent intéresser et éclairer la constitution des sociétés de secours mutuels et des sociétés coopératives, et qui en forment, pour ainsi dire, les vivantes archives. Guidé par le dessein élevé de réaliser le principe de la fraternité humaine, l'auteur s'est surtout attaché au temps présent, aux difficultés actuelles, aux leçons que nous offrent les événements de chaque jour. Il a jugé avec raison tout à fait inutile d'établir longuement et par de magistrales déductions le caractère fondamental, universel, du droit d'association partout essentiellement lié à la nature même de l'homme. Quelques exemples empruntés au monde antique suffisaient, il les a très-heureusement choisis et en a montré la valeur doctrinale, reliant ainsi tous les siècles par une règle commune précisée en ces termes concis par la législation des douze Tables : *Sodales legem quam volent dum ne quid ex publica lege corrumpat, sibi ferunto :* « Que les associés soient libres d'adopter leur loi, pourvu qu'elle ne soit pas en opposition avec la loi générale ». Nous ne disons et nous ne demandons aujourd'hui rien de mieux ; aussi peut-on avec sécurité prendre ce point de départ, et, sans autre transition, on est en plein monde moderne.

C'est en effet la loi générale, c'est l'intérêt public, c'est le sentiment de fraternité unissant les hommes et décuplant leurs forces qui doivent être la source vive de toutes les institutions de secours, destinées par leur épanouissement à transformer notre époque en assurant l'équitable répartition des richesses acquises par le travail. Ce grand résultat est à la fois le but, le tourment et le devoir de tous. Nul ne peut y rester indifférent : moins que tous autres, ceux qui semblent avoir été laissés en arrière par les mœurs et la législation, et qui, au lieu d'obtenir la protection à laquelle leur donnaient droit leur nombre et leur importance, ont vu se multiplier contre eux les barrières d'odieuses inégalités. Ce sont les ouvriers.

Un illustre homme d'État anglais, M. Gladstone, a écrit, il y a longtemps déjà : « Le dix-neuvième siècle sera le siècle des ouvriers. » Cette prévision se justifie. Sans parler des lumières jetées sur leur sort par l'étude des vérités économiques, non plus que des révélations sinistres fournies par de redoutables perturbations industrielles, un mouvement profond, né de la religion, de la philosophie, de la justice et même de l'intérêt bien entendu, a entraîné toutes les classes vers la recherche des moyens propres à améliorer la position des travailleurs. Enfin, la guerre sainte engagée contre l'ignorance, cause principale de leur asservissement et de leur faiblesse, leur a permis de se relever eux-mêmes et de devenir, par d'héroïques sacrifices, leurs propres libérateurs.

On sait les miracles véritables accomplis en Angleterre, en Allemagne, en Italie et en France par leur action indépendante, et l'on ne peut s'empêcher d'admirer l'énergie et le dévouement des hommes de bien qui ont consenti à leur servir de conseils et de guides. Au premièr rang, il faut certainement placer M. Francesco Viganò, qui n'a rien négligé pour les premunir contre de dangereuses illusions et pour les instruire par l'exposé et la discussion de tous les précédents qui peuvent les éclairer et les encourager. À chaque pas, il appuie son argumentation sur des faits. Il résume les leçons de l'expérience en maximes, il rédige des statuts et des programmes. Il indique la voie la plus courte et la plus sûre pour atteindre le but. Il prévoit les objections et les réfute, les obstacles et il dit comment il les faut surmonter. L'amour sincère et tendre qu'il porte aux ouvriers le défend contre la moindre pensée de flatterie envers eux. Il poursuit la vérité, et sa plume ne retrace jamais que ce qu'il croit être son image.

Aussi, malgré sa foi inébranlable dans la puissance des sociétés coopératives, il n'invite pas les ouvriers à les constituer brusquement et sans de sages préparations. Elles doivent, suivant lui, sortir des sociétés de secours mutuels qui sont le fondement de toutes les autres. Aussi en fait'il l'objet d'une étude approfondie. Il en trace minutieusement les règles. Il montre à quels objets variés elles peuvent s'appliquer et de combien d'ingénieuses et salutaires combinaisons elles sont susceptibles et il leur offre comme modèle les statuts des éléves de l'ancienne école technique, et de l'institut technique de Milan, insistant avec force dans cette première partie de son travail sur une idée qu'il reproduira constamment et qui est comme la pièce maitresse de tout son système : qu'autant que possible les sociétés d'ouvriers ne doivent compter que sur elles-mêmes et demeurer inflexibles sur toutes les questions qui touchent à l'honneur et à la probité.

Cette proposition que les sociétés de secours mutuels sont et doivent être les mères de toutes les autres, est victorieusement prouvée par plusieurs exemples. Le plus considérable et le plus connu de tous est celui des équitables pionniers de Rochdale. M. Viganò ne pouvait pas ne pas s'en servir. Quoi de plus extraordinaire, en effet, que la résolution prise par vingt-huit pauvres ouvriers, mourants de faim, couverts de haillons, ayant à lutter contre une crise industrielle et qui, loin de désespérer, ne demandent leur salut qu'à l'union de leurs forces ? Chacun apporte une livre sterling et l'effort d'une volonté indomptable. Ils se résignent tous à souffrir, mais à ne se départir sous aucun prétexte de leur dessein. Ce dessein, c'est l'association : avec tous ses modes d'application, secours mutuels, coopération pour les aliments, pour les vêtements, pour le crédit, pour l'éducation. Là où il y avait vingt-huit individus isolés et faibles, on trouve une collectivité fraternelle qui relie en faisceaux vingt-huit existences, vingt-huit cœurs, vingt-huit intelligences et, par la seule vertu du principe sociétaire rigoureusement mis en pratique, en vingt-huit années la pauvreté a fait place à l'opulence. Les affaires annuelles, qui en 1845 étaient un peu au-dessous de 800 francs, sont aujourd'hui de sept millions. Les gains, qui étaient de 550 livres, sont aujourd'hui de plus d'un million de livres, soit vingt-cinq millions de francs, dans les seuls stores ou magasins coopératifs. La Société a fondé une banque populaire, qui est devenue l'une des plus florissantes institutions de crédit de l'Angleterre ; (1) elle a ouvert des écoles, des maisons d'asile, des gymnases, des cours d'enseignement professionnel, des collèges coopératifs, et toute cette splendeur a pour point de départ l'héroïsme civil de vingt-huit pauvres ouvriers, fécondé par la toute-puissance du travail, de l'épargne et de l'association.

Il est curieux de suivre dans des tableaux statistiques très détaillés et très complets dressés par M. Viganò la marche progressive de cette fabuleuse prospérité. On y voit pour ainsi dire naître, se développer et grandir les éléments de richesse, et notre auteur, loin de se laisser éblouir, en prend texte pour conseiller aux travailleurs qui voudront s'avancer dans la même voie de ne jamais s'écarter des maximes de sévère sagesse à laquelle les équitables pionniers de Rochdale ont dû surtout leur succès. En ce qui concerne

(1) Il s'agit ici de la Banque établie à Manchester par l'Union des Sociétés coopératives, dans le but de faciliter et aider reciproquement le mouvement des affaires et de l'argent des Sociétés qui forment le Crédit Union.

notamment les banques populaires ou établissements analogues de crédit, il conseille la garantie de la solidarité pesant sur tous les sociétaires. La règle peut sembler dure, elle n'a point effrayé les pionniers de Rochdale, et les plus intelligents d'entre eux sont convaincus qu'elle a été pour eux l'instrument le plus efficace de réussite et que ceux qui auront le courage de les imiter en retireront les mêmes bienfaits.

Nous regrettons que les bornes de cette note ne nous permettent pas de rendre compte, au moins par une rapide analyse, des pages éloquentes consacrées par M. Viganò à toutes les differentes applications du principe coopératif. Après les sociétés de consommation, il s'occupe des sociétés de production, de fabrication, de commerce, des établissements d'education, des sociétés agricoles de coopération, des communes coopératives. Pour chacune de ces spécialités il mentionne les précédents, il donne des conseils techniques, il rédige des programmes et des statuts. Pour lui, c'est la société tout entière qui doit accueillir avec joie cette révolution pacifique et féconde où elle trouvera une source abondante de forces, de richesses, de bien-être, de paix et d'harmonie. Le lecteur qui voudra bien prendre le plaisir de ne rien négliger de son beau travail, sera en parfaite communauté d'idées et de sentiments avec lui quand il lira ces lignes touchantes qui le terminent :

« Après tant de faits exposés ici, aprés tous ceux qui arrivent journellement à la connaissance de l'auteur, il affirme qu'il croit à la coopération comme à une nouvelle révélation, une rédemption même ; et si ces faits n'étaient pas destinés à s'étendre continuellement, ce qui n'est pas possible, l'humanité serait un repaire de bêtes féroces, un amphithéatre de gladiateurs, où le plus fort dévorerait et tuerait avec plus ou moins de cruauté le plus faible.

« Mais loin de moi cette triste pensée ! En jetant un rapide coup d'œil sur le passé, le présent et l'avenir, j'y découvre des lueurs pleines d'espérances qui se répandent sur les hommes ; je vois le développement de la fraternité humaine, et je crois fermement aux miracles logiques de la coopération.

« Et c'est pour moi une consolation d'avoir, dans ce livre, tracé les lignes de la voie dans laquelle peuvent marcher ceux qui s'intéressent au bien-être physique, moral et social des ouvriers.

« C'en est une aussi de savoir que le nombre des apôtres et des disciples de la coopération augmente chaque jour, chaque instant.

« J'espère n'avoir pas poussé au matérialisme par les idées semées dans cet ouvrage; je travaille, selon mon pouvoir, à l'amélioration morale ed intellectuelle du troisième facteur de la richesse artificielle, qui doit être équitablement élevé à la place où se trouvent déjà les deux autres producteurs, les propriétaires de la terre et les capitalistes.

« Mes désirs sont immenses, mais les moyens matériels de les satisfaire dans la voie de la coopération sont três-limités.

« J'ai fait ce que j'ai pu, en me disant sans cesse que j'aurais pu mieux faire; j'ai obéi à la voix de mon âme qui me guide et me conduit depuis plus de dix lustres; j'ai obéi à l'impulsion impérieuse de mon cœur. Suis-je orgueilleux? Est-ce de l'orgueil que la flamme qui m'inspire une œuvre au-dessus de mes forces? Est-ce une illusion?

« Je répète que j'ai obéi à la voix de ma conscience et à celle de mon cœur, et que j'ai cru bien faire et m'acquitter d'une dette. »

Nous applaudissons sans réserve à ces généreuses paroles. Seulement, nous y ajoutons un vœu adressé à tous les esprits d'élite et aux pouvoirs publics. Nous leur demandons de se vouer à l'examen et à la solution des graves et redoutables questions examinées dans ce livre. Sans doute, l'initiative des intéressés est le plus puissant des leviers, il en faut respecter l'indépendance. On n'aura plus à craindre sur ce terrain les exigences des ouvriers. Longtemps, il est vrai, ils ont sollicité l'intervention et l'appui de l'État. Aujourd'hui, corrigés de cette erreur, ils sont résolus à tout tirer d'eux-mêmes. Mais qui ne reconnaîtra que la législation sur les associations présente encore de graves obstacles au mouvement de coopération et de fédération auquel les ouvriers rattachent leurs plus chères espérances? Que le gouvernement y songe; il est temps de mettre fin à cette anarchie. De grandes choses sont à faire, de nobles progrès doivent être accomplis. La nation le comprend et le veut. Elle ne demande à ceux qui ont l'honneur de diriger ses destinées que de lui montrer la route et d'en faire disparaître les vieilles entraves d'un régime économique et administratif qui n'a plus de raison d'être. »

CONCLUSION

OU

DERNIÈRES INFORMATIONS

SUR LES INSTITUTIONS COOPÉRATIVES

Allemagne. — Dans l'Empire germanique, selon les derniers Comptes-rendus du 31 Décembre 1886, les Sociétés coopératives sont plus de 4000 comme il suit

	1886	1885
Banques populaires.	2135	2118
Banques populaires professionelles et industrielles	1572	1337
Sociétés de consommation	696	682
Sociétés de construction de maisons ouvrières	35	33
TOT.	4438	4170

On sait que ces sociétés coopératives, comprises celles qui n'ont pas annoncé au bureau de la Procuration leur existence, sont plus de 4500.

Le Compte-rendu dit que les membres des Sociétés connues étaient plus de 1,500,000 et les prêts étaient de quelques milliards.

Les Sociétés de crédit, qui ont presenté leur Compte-rendu de 1886 au Bureau de la Procuration étaient 881. Elles ont prêté 1,522,571,424 marcs.

Berlin en 1886 comptait 62 Sociétés de crédit populaire. Les Sociétés de consommation qui ont donné leur compte-rendu en 1886 étaient 164 avec 144,504 membres et elles ont fait 38,351,020 marcs d'affaires. Les banques rurales à la Raiffeisen sont aussi augmentées.

Angleterre. — On m'assure qu'en Angleterre, où j'ai eu l'honneur de faire des conférences et d'assister à deux Congrès coopératifs, de Newcastle et d'Oxford, on va établir des Banques populaires. Le *Cooperative-News* a publié des relations sur le mouvement coopératif italien envoyé aux Congrès et une de mes conférences sur l'opportunité de fonder des Banques populaires en Angleterre selon la forme italienne ou écossaise.

Ces Banques couronneront le monde coopératif anglais sorti du Sïnai de Rochdale, qui, à présent, forme un état complet avec ses congrès, son gouvernement, ses provinces, ses districts, ses communes, etc.

Dernièrement j'ai lu dans le *Compte-rendu du Nineteenth Annual Cooperative Congress* 1887 qui a eu lieu à Carlisle, présidé par Holyoake, que l'arbre de la coopération croît et s'y développe merveilleusement.

Autriche-Hongrie. — En Autriche-Hongrie les sociétés de crédit sont presque aussi nombreuses que dans l'Empire germanique.

Etats-Unis d'Amérique. — En peu de temps dans cette grande République — République où on essaie toutes sortes d'institutions utiles, même les Écoles-travail, les Universités-travail et où il existe une très-grande Société coopérative presque secrète pour les agriculteurs dite « *des chevaliérs du travail* » dont M. Limousin a donné une description dans son journal mensuel « *Le Mouvement Social,* » — on a fondé plus de 2000 Banques populaires lesquelles différent un peu de celles de l'Europe.

Elles forment leur capital par actions ; de temps en temps la Direction dit aux associés : « Nous avons 25,000 dollars à prêter partagés en plusieurs lots : on prêtera l'argent à ceux qui offriront le plus d'intérêt. » Les intérêts reçus sont partagés parmi les actionnaires en raison de leurs actions.

France. — En France la coopération a repris dans ces dernières années sa marche rapide et efficace.

Trois congrès des Sociétés coopératives ont déjà eu lieu : le premier à Paris, le second à Lyon, auquel j'ai eu le plaisir d'assister avec M. Rabbeno, bien content d'avoir vu le grand progrès qu'en France ont fait les Sociétés coopératives de toute espèce. A Tours les 19, 20, 21 Septembre a eu lieu le troisième où, entre autres choses, on a commencé à discuter sur l'opportunité de concréter une Alliance coopérative entre les Fédérations coopératives anglaise, française, italienne, suisse et américaine et qui sera deliberée aussi dans le Congrès coopératif milanais (1) des 6, 7 et 8 du mois de novembre (1887).

Il faut noter que la Société *le grand Epargne* initiée à Paris par M. Donon, président de plusieurs institutions financières, a modifié ses statuts, toujours dans le but de propager et d'aider efficacement les Sociétés coopératives de toute espèce. Il faut remarquer aussi que le concours de 100,000 frs., généreusement proposé par le grand financier Isaac Pereire, (2) l'infatigable promoteur, avec son illustre frère Emile, des chemins de fer européens, des *Crédits Mobiliers*, des

(1) Dans le Congrès de Tours on a étudiée et discutée sous tous les rapports la coopération et on a prononcé des discours très-remarquables par MM. Fr. Passy, deputé et membre de l'Institut, le maire de Tours, Vansittart Neale, Holyoake, Ugo Rabbeno, et par M.elle Holyoake. On a lu des relations de Nicolas Balline, de Kharkoff, sur la coopération russe, de M.me Imogène Fales sur la coopération americaine, de MM. Fongerousse, secrétaire de la Fédération coopérative française, et de Boyve et d'autres importants discours par les délégués des Société coopératives, qui étaient plus de mille.

(2) Voilà les quatre principales questions qui constituaient le Programme du concours de M. Isaac Pereire.

PREMIÈRE QUESTION

Rechercher les meilleurs moyens d'arriver à l'extinction du paupérisme.

DEUXIÈME QUESTION

Rechercher le meilleur système d'instruction publique à tous les degrés, com-

Sociétés de navigation et de Banques transatlantique, de l'institution Pereire pour l'instruction des sourd-muets, et d'autres très importantes institutions, a jété dans le monde, par les nombreux concurrents qui ont publié leurs mémoires, des idées positives et très-utiles pour les gouvernements, pour les classes dirigeantes, pour tous, particulièrement pour l'amélioration du sort moral, intellectuel et physique de la classe la plus nombreuse et la plus pauvre.

Italie. — Le progrès de la coopération s'avance de plus en plus tous les jours, soit pour les institutions de crédit populaire, soit pour les sociétés coopératives de tout genre.

Les banques populaires au 31 Décembre 1886 étaient, selon les publications du Ministère, 551 sans calculer les succursales, toutes à forme anonyme coopérative par actions de 5, 10, 15, 20, 25, 30, 40, 45, 50, 60, 65, 70, 75 et 100 livres; toutes sont d'une utilité incontestable à l'industrie en général et particulièrement aux classes moyennes et pas aisées, elles donnent toutes des dividendes. Leur nombre augmente tous les jours dans les campagnes autant que dans les villes principales. Milan, Turin, Gènes, Rome, Naples en possèdent chacune plusieurs à la fois.

---

prenant l'instruction primaire, l'instruction secondaire et professionelle, et l'instruction supérieure.

TROISIÈME QUESTION

Etudier l'organisation du crédit la plus propre à developper le travail sous toutes les formes et à commanditer les travailleurs de toutes classes.

QUATRIÈME QUESTION

Etudier la réforme des impôts en vue de la simplification, de l'economie des moyens et de la réduction graduelle et successive des contributions indirectes, notamment des droits de douane et d'octroi destinés à disparaître les premiers.

Parmi les concurrents, qui étaient plus de 100, je m'y trouvai aussi et j'eus l'honneur d'obtenir un prix de 2500 francs.

Les frères Pereire ont publié aussi en 1830 un Projet d'organisation des Banques populaires mutuelles et professionnelles dans le but d'animer le mouvement industriel et commercial jusqu'au fond de la Société. Voir les pages de 153 à 200 de mon ouvrage les *Banques populaires*, du second volume, grand in-8°, Paris, Guillaumin, rue Richelieu, 14.

Maintenant on fonde aussi des Caisses de prêt rurales à la Raiffeisen par la propagande qu'en fait M. Wollemborg. Ces Banques n'ont pas d'actions, ne donnent pas de dividende et sont créées sous la forme de la responsabilité illimitée, sur laquelle on emprunte de l'argent chez les Banques populaires, chez les Caisses d'épargne, chez les Banques de crédit ordinaires et même chez les particuliers, argent qu'on prète aux associés à longue échéance, à interêt posticipé et modéré.

Les profits de ces caisses forment le capital qui, augmentant successivement, peut être prété aux associés presque pour rien. En Italie en trois ans on fonda plus de 30 de ces caisses rurales, qui sont très-utiles aux petites communes.

Les Sociétés coopératives de consommation, de production, de construction de maisons ouvrières, etc. etc. augmentent aussi sans cesse, et dans leur premier congrès, qui a eu lieu à Milan en octobre de l'année dernière (1886) on a fondè une *Fedération des Sociétés coopératives italiennes* à l'instar de l'Angleterre et de la France. Je ne parle pas des caisses d'épargne lesquelles s'accroissent tous les jours : la caisse d'Épargne de Milan à elle seule, avec ses succursales, avait au 31 Décembre 1886, 394,235,232 francs en depôts, dont 87,429,092.33 recueillis dans la campagne.

Les Caisses postales au 31 Août avaient 226 millions de dépôts sur 1,500,000 livrets.

Dans ces jours a été approuvé par le gouvernement l'institution des Banques agricoles afin d'encourager l'agriculture, lesquelles prêteront de l'argent aussi sur les produits agricoles, même sur pied.

Russie. — Les Banques populaires de Russie, qui ont pour but d'aider particulièrement les anciens serfs, affranchis par l' Ukase de 1861 à acheter des propriétaires les terres qu'ils cultivent, augmentent aussi sans cesse.

Suède, Norvège et Danemark. — Selon des informations qu'on a eu dernièrement, les institutions coopératives dans ces pays, où tout le monde sait lire et écrire, sont en voie de grand progrès.

Je conclus donc ce petit livre en faisant les vœux les plus ardents pour que l'esprit d'association continue de plus en plus à se propager, pour que la coopération se développe dans toutes ses branches, pour que les alliances internationales des coopérateurs, des Sociétés de la Paix, arrivent sans canons et sans armées, à améliorer véritablement le sort moral, intellectuel et physique des peuples, pour arriver enfin à la vraie fraternité humaine et aux Etats-Unis du monde civilisé.

www.ingramcontent.com/pod-product-compliance
Lightning Source LLC
LaVergne TN
LVHW020035170826
845678LV00001B/272